追跡

税金のゆくえ

ブラックボックスを暴く

高橋祐貴

光文社新書

まえがき

できることなら記事を出したくない——。

夜、降版（記事の締め切り）間際になって翌日の紙面のゲラ刷りを手元にとると、そんな衝動に駆られて怖じ気づいた。騒然とする編集局内で何度も赤ペンを走らせチェックしながら、もう後戻りができないと悟る。思わぬ落とし穴がないか、降版が過ぎてから気後れしたことも一度や二度ではない。

およそ3年間、中央官庁が集結する東京・霞が関の担当記者として、コロナ禍における国家予算の行方をたどった。自民党幹部から「機動力があって厚かましい役所」ともいわれる経済産業省を2年間担当した後、国家予算や税を司る財務省を担当したのは「見えない予算」を追いかけて3年目を迎えた春先だった。私にとっては有事の霞が関こそが、平時だった。

大手広告代理店が絡んで乱立した一般社団法人は中抜き（不必要な仲介者が入り、手数料を取ること）の温床となるが、政府の委託事業ではそれが看過され続けていた。税金が投入された東京オリンピック・パラリンピックでは、日本人選手の活躍がその「光」の部分だとすれば、社会的負担を強いられた「影」の部分、商業主義による闇も色濃く現れた。

また、国家事業を差配し、中央官庁がそびえる霞が関からでは見えない景色もあった。コロナ禍に伴って企業や病院などを支援する「バラマキ」政策はもろく、常軌を逸している側面が目についた。消防団や農業という観点から地域コミュニティーの「現場」に足を踏み入れると、公金は搾取さえされていた。他方で、「合法的な裏金」と呼ばれる基金が乱立し、国家予算の歳出のチェックの杜撰《ずさん》さが浮かび上がり、与党・政府は戦後初めて、防衛費の倍増を検討し始めた。

社会保障費は毎年、過去最高を更新し続ける中、必要な予算が必要なところに行き届かないのはなぜか。我々が納めた血税はどこにいっているのだろうか。

官僚たちは、政策効果が乏しい歳出を徹底して削減し、効果の高い歳出に転換することを

「ワイズスペンディング（賢い支出）」と呼ぶが、各所で根詰まりが起きていることに気づいておきながら、タブーに触れようとはしてこなかった。私はその異例づくしの実態に切り込みながら、税金の行方を追ってみた。

拾ってきたネタには「リスク」があり、これが厄介だった。誰も触れてこなかった問題があった。むしろ、他の記者がリスクを嫌ったからこそ放置されてきたのかもしれない。さらには、外部から見えない圧力がかかり、問題が日の目を浴びないかもしれない。そんな不安がよぎり、万が一に備えて辞表の書き方を聞いた。ネタに押し潰されそうになりながら世に送り出したが、満足感はまったくなかった。それよりも安堵を感じつつも、少しずつ憔悴《しょうすい》していっている気がした。

リスクは記者だけでなく、取材協力者も同じか、もしくはそれ以上の大きさを抱える。リークしたことで、地域や所属するコミュニティーで密告者捜しが途端に始まる。場合によっては「村八分」に遭う。取材相手の強い思いは僅《わず》かしか反映できず、電話越しに叱られることもあって堪えた。それでも、投書やＳＮＳなどを通じた反響に支えられ、報じなければ問題提起の一助さえならなかったことを知った。

暮らしに関わる分野への財政出動はもちろん必要だが、２０２５年度には団塊の世代が全員75歳以上になり、医療や介護などの社会保障費はさらに急増する。不要不急の事業は見直しを徹底しなければならない。将来へのツケが膨らむばかりでは、超高齢化社会は乗り切れない。将来世代に「負の遺産」を残さないことを、どれほどの人たちが本気で思い、実際にアクションを起こしているのだろうか。

日本政府は先進国で最悪の水準となる巨額の借金を抱え、膨らむ一方だ。議論を避けた「聖域化」は筋が通らない。コロナ禍で蝕まれた税金の行く先を追うと、さまざまな病巣が見えてきた。その記録を、ぜひ本書を手に取ってくれた皆さんにも知ってほしい。

追跡 税金のゆくえ

ブラックボックスを暴く

目次

目次・章扉デザイン／熊谷智子

第1章

官僚も黙認する中抜き

——一般社団法人という隠れみの

新型コロナウイルス（以下、新型コロナ）の感染拡大に伴って、政府は給付金をはじめとするあらゆる支援策を次から次へと投入した。支援で救済された事業者・生活者がいる一方で、政府の予算や経済対策は規模ありきで積み上げられてきた。支援策の肝で、売上が半減した事業者などに最大２００万円を支給する「持続化給付金」を巡っては、運営母体に大手広告代理店などのメンバーが名を連ねる、ある「一般社団法人」に事業が委託された。前例のない大規模な「バラマキ」の執行を任されたのは聞いたこともない法人だった。

のちに判明するが、この団体は政府の監視の目をくぐり抜けるために設立された「中抜き」法人に過ぎなかった。この中抜きは「一般社団法人」という仕組みなしでは語れない。委託事業の闇を初めて明らかにするため、巨大なピラミッド構造による委託スキームの内側に迫った。

1・1　一般社団法人に集まる公金

コロナ禍を機に露呈した中抜きの実態

２００１年に発足した小泉純一郎政権以降、官から民によって「小さな政府」を目指す流れをくみ、一般社団法人を利用した「民」が担う予算執行の領域が広がってきた。しかし、そこには政府が黙認し続けてきたある問題が存在していた。

顕わになったきっかけはコロナ禍だった。

前例のない緊急事態宣言が発令され、収入が減った中小企業、個人事業主らに配る経済産業省の「持続化給付金」。感染が急拡大し、第1波が押し寄せる中、２０２０年１月以降の月の売り上げが1カ月でも前年同月比で半減した場合に、当面の資金繰りを支えるため現金を給付した。感染初期でもあった２０２０年の5月から始まり、「止血」を目的とする事業だ。中小企業（資本金10億円未満）への上限は２００万円。申請の厳格さより支給までのスピードを重視した。この事業を皮切りに、ある経産省幹部が揶揄《やゆ》する「バラマキの豪雨」は降り続けた。

持続化給付金の事務委託を巡っては、申請開始まもなく、一般社団法人「サービスデザイン推進協議会（サ推協）」から大手広告代理店の電通と、その子会社などに再委託と外注を繰り返す構造が浮き彫りになった。取材を広げれば広げるほど不可解だったのは、サ推協をピラミッドの頂点とする委託スキームの中身がまったく見えないことだ。のちに発覚する不正の根本的原因を追究するにも、公開された情報はあまりにも少なすぎた。

当初、事業の契約書の履行体制図（組織図）には「３次下請け」となる「パソナ」や「大日本印刷」などの企業名が記載されておらず、政府でさえその全体像を把握できていなかった。政府を突き動かしていたのは、透明性を高めることではなく、「委託事業者が見つからないことが理由で給付金が配れないという事態は何としても避けたかった」（経産省幹部）という焦りだった。

持続化給付金は、経産省が電通や人材派遣大手のパソナなどで構成するサ推協に７６９億円で委託。一般競争入札だったが、事業者側に事前ヒアリングを実施しており、出来レースに近かった。

◆持続化給付金の申請手続き

受給資格

・中小企業などの法人　　・個人事業主

①2019年以前から事業収入があること
②2020年以降、前年同月比で収入が50%以上、減少した月があること

オンライン申請の流れ

1. 基本情報の入力

給付金HPからメールアドレス、事業の基本情報、売上額などを登録

↓

2. 必要書類の送付

確定申告書の控え、売上台帳の写し、通帳の写しなど

↓

3. 事務局が内容を確認

性善説で審査
詳細な聞き取りはナシ
（政府関係者）

↓

4. 給付

※筆者作成。

◆持続化給付金事業の下請け構造

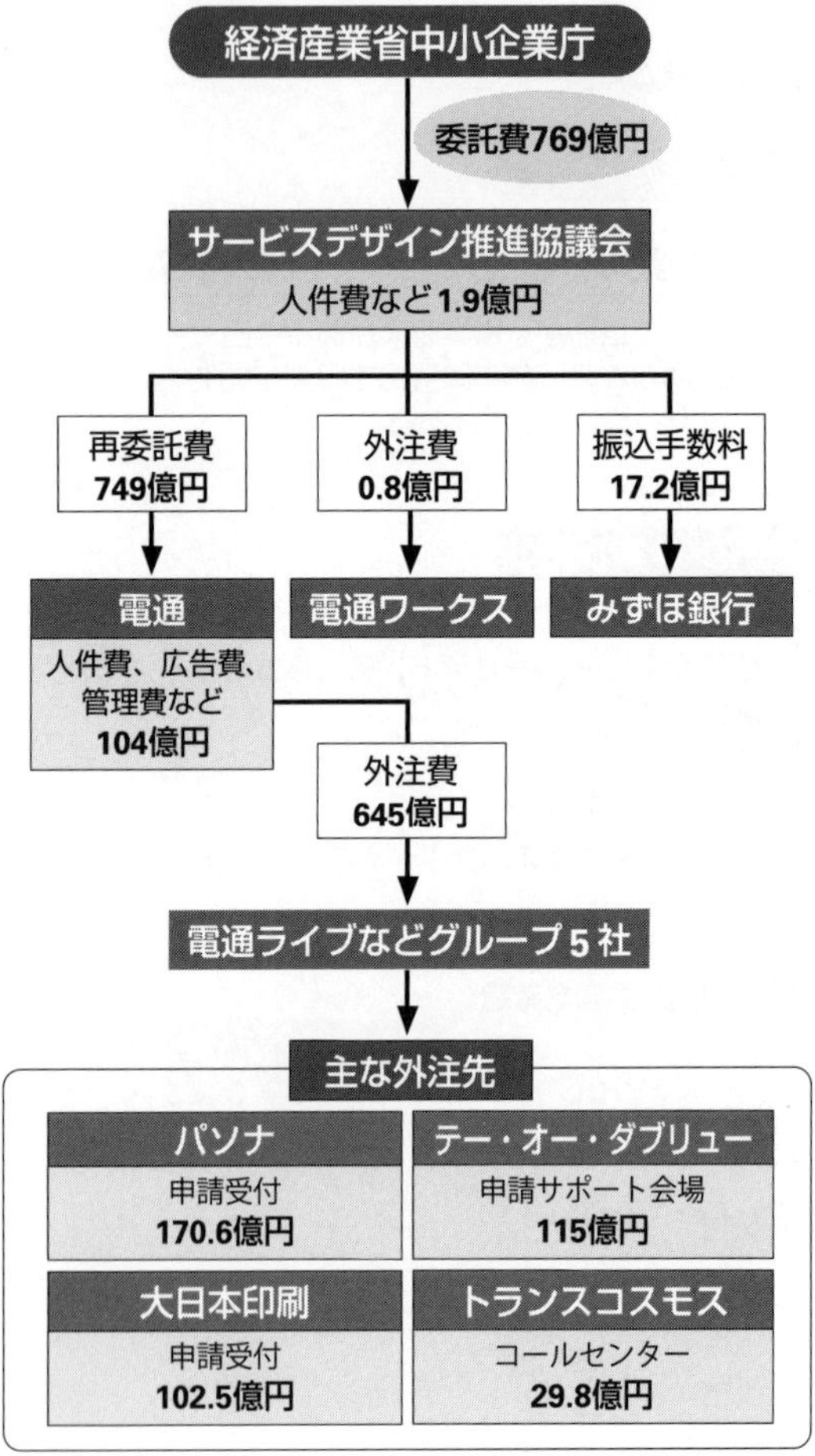

※筆者作成。

サ推協は委託費の97％にあたる749億円を電通に再委託し、さらに電通は電通ライブなど子会社に計645億円で事業を外注していた。結果として、電通に残ったのは計104億円。電通と子会社ぐるみによる委託費の「中抜き」が疑われ、野党は衆院予算委員会で、業務委託や外注が繰り返されている点について、「責任の所在、透明性がはっきりしない。誰がどこで何をやっているのか」と批判した。

国会答弁などで明らかになったのは、電通子会社などからさらに複数社へ再委託や外注が繰り返されていたことだ。外注費の10％が「一般管理費」として、利益に算入される仕組みが次々と明らかになった。

電通が最も多く外注した子会社は電通ライブで595億円。その下流ではパソナ（170億円）や大日本印刷（102億円）など計13社に外注されていた。電通ライブの事業内容は「給付金事務局業務推進」と「申請サポート会場運営統括」だが、申請の受け付けやコールセンターの運営、給付決定通知の発送など大半の業務は外注先に再委託。申請サポート会場を47都道府県541カ所に設置し、現地の運営会社が派遣会社にスタッフを手配させていた。

外注先も大半の業務を別会社に回していたことが分かった。中には「各社」として明らかにされない外注先もあった。ある経産官僚は、「一企業に『電通系』という色がつくことを避けたかった」とこぼしていたが、企業側も頑《かたく》なに情報開示を渋り続けていた。

一般社団法人とは

問題となった一般社団法人は、２０００年から08年にかけて行われた「公益法人制度改革」に伴って誕生した歴史の浅い法人形態だ。公益社団法人は内閣府の監督下にあるが、一般社団法人には監督官庁がない。税制優遇を受けながら、公益社団法人のように決算情報などの情報公開のルールが設けられているわけでもなく、法務省でも組織数などの実態は正確に把握できていない。中抜きが平然と繰り返されてきた根底には一般社団法人という形態こそ掘り下げるべきだと見ていた。官公庁も黙認し続けるしかない病巣だった。

持続化給付金の場合だと、１次請負先のサ推協は２０１６年に設立され、電通や人材派遣大手のパソナ、ＩＴサービス業のトランスコスモスなどが関与して誕生したとされる。組織としての知名度はないが、政府からの委託業務はなぜか増えていた。発足当時の協議会の理事はいずれも非常勤の８人が務め、この３社の関係者らが就任している。職員は21人で、同じく３社の関係者らが中心となって構成されていた。収入減に困惑する事業者らを支える国の一大事業をたった21人の組織でさばき切れるのか。誰しもがそんな疑念を抱くだろうが、

◆経産省がサービスデザイン推進協議会に委託・補助した事業

<table>
<tr><th>執行年度</th><th>件名</th><th>契約金額</th><th>再委託先</th></tr>
<tr><td>2016</td><td>海外展開基盤整備事業補助金</td><td>4600万円</td><td>—</td></tr>
<tr><td rowspan="7">2017</td><td>IT導入支援事業補助金</td><td>100億円</td><td>—</td></tr>
<tr><td>中小企業・小規模事業者人材対策事業</td><td>400万円</td><td>—</td></tr>
<tr><td rowspan="5">IT導入支援事業費</td><td rowspan="5">499億9600万円</td><td>電通ワークス</td></tr>
<tr><td>情報サービス産業協会</td></tr>
<tr><td>電通</td></tr>
<tr><td>日本生産性本部</td></tr>
<tr><td>リックテレコム</td></tr>
<tr><td rowspan="7">2018</td><td rowspan="2">事業承継補助金</td><td rowspan="2">30億円</td><td>電通ワークス</td></tr>
<tr><td>電通</td></tr>
<tr><td>学びと社会の連携促進事業</td><td>1900万円</td><td>パソナ</td></tr>
<tr><td rowspan="4">IT導入支援事業費補助金</td><td rowspan="4">100億800万円</td><td>電通ワークス</td></tr>
<tr><td>情報サービス産業協会</td></tr>
<tr><td>電通</td></tr>
<tr><td>日経新聞社</td></tr>
<tr><td rowspan="7">2019</td><td>女性起業家等支援ネットワーク構築事業</td><td>990万円</td><td>パソナ</td></tr>
<tr><td>女性起業家等支援ネットワーク構築補助金</td><td>6600万円</td><td>—</td></tr>
<tr><td rowspan="2">事業承継補助金</td><td rowspan="2">24億9900万円</td><td>電通ワークス</td></tr>
<tr><td>電通</td></tr>
<tr><td>中小企業・小規模事業者人材対策事業</td><td>1800万円</td><td>—</td></tr>
<tr><td rowspan="2">先端的教育用ソフトウェア導入実証事業</td><td rowspan="2">30億7900万円</td><td>電通ワークス</td></tr>
<tr><td>電通</td></tr>
<tr><td rowspan="3">2020</td><td>持続化給付金事務事業</td><td>769億200万円</td><td>電通</td></tr>
<tr><td rowspan="2">事業承継補助金</td><td rowspan="2">20億円</td><td>電通ワークス</td></tr>
<tr><td>電通</td></tr>
</table>

※経産省資料を基に作成。100万円未満は切り捨て。

役所の見方は違った。

こうした特定の「企業連合体」に官庁が依存せざるを得ない実情は、はたして健全な予算執行といえるのだろうか。これだけ巨額の公金を扱う事業者が、受託額の97％という高率で再委託するのは社会通念上かなり問題で、支給にかかる費用が税金である以上、事業の開始を早くするためとはいえ、高コストで執行状況が不透明でも良いとはいえない。

また政策シンクタンク「構想日本」の伊藤伸・総括ディレクターは次のようにも指摘する。

「再委託をすること自体は一定の条件で認められていて、一概に悪いわけではない。ただ再委託には無駄なコストが発生しやすく、非効率な面がある。補助金事業の多い経産省独特の手法ではないか。再委託した今回のケースでも、経産省が予算執行の透明性を確保し、無駄が発生していないか疑念を晴らすように説明責任を果たす必要がある」

専門家の目から見ても異様な委託形態といえるようだ。公益性が高そうに見えるため、一般社団法人が利用されている。そう考えるのに時間はかからなかった。

国から直接委託業務を受けるのは電通ではなく、なぜサ推協なのか。一般社団法人が「親分」になるメリットは一体何なのか――。Twitter などのSNSでは当初から「中抜きをするため」と批判する投稿が相次いでいたが、あくまでも憶測でしかなかった。推測で記事は

◆中抜きの問題点と構造

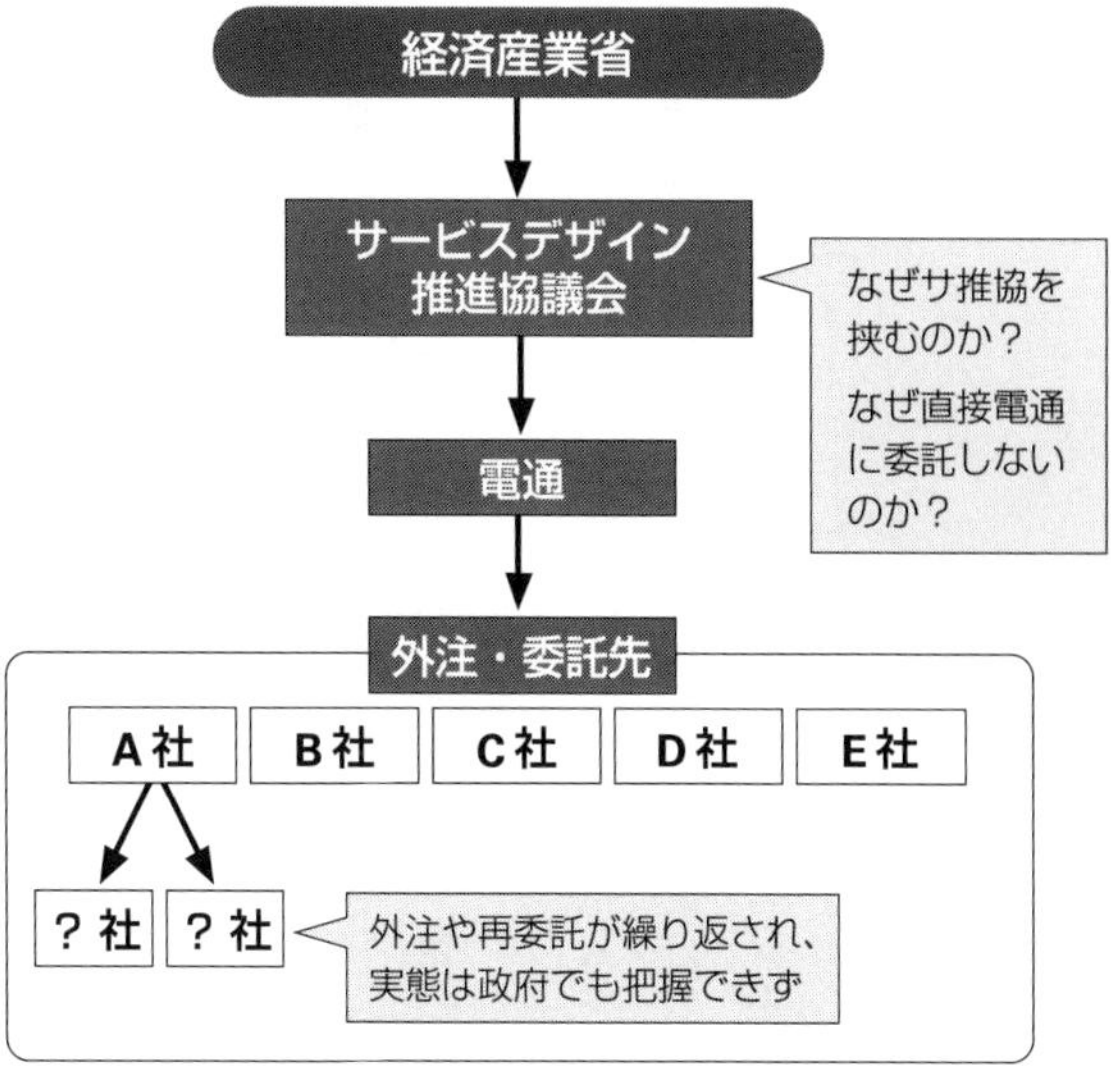

※筆者作成。

書けないし、専門家の見解をよりどころにして報じるだけでは言語道断だと思った。国会では野党が連日追及していたが、確たる事実があぶり出されることはなかった。

当時、私は経産省を担当し始めたばかりで、持ち場のメンバーの中で最若手だった。大半の取材相手が初対面で、霞が関官僚の習わしや性格をつかむところからのスタート。のちに経産大臣を務めた自民党の萩生田光一政調会長は、「経産省の官僚は新しいもの好きで、新しい政策に飛びついてものすごいスタートダッシュで頑張る。

しかし、その後ですね。部署が変わると何もなかったかのように、自分が携わったことにまったく関心がないっていう。文化祭の実行委員長のようだ」
と独特のユーモアを交えて表現していた。

　機動力に長けたイメージとはよそに、この問題に関しての経産官僚たちの話しぶりは奥歯にものが挟まったような慎重さで、踏み込んだ発言は皆無だった。むしろ、疑問をぶつけても別の話題に反らされ、何度も軌道修正するには気が引けた。政府だけでなく、サ推協をはじめとする事業者側にも取材が必要だったが、箝口令を敷かれている可能性を言い訳にして、恥ずかしながら当初は白旗モードだった。

　不祥事が起きた際、民間企業の広報担当者が本音や組織の内情を打ち明けることはまずない。原稿に盛り込めるだけのファクトに迫るには内通者による「秘密の暴露」が必要で、途方もない労力を嫌って後回しにしていた。トライ&エラーでいうと、チャレンジすることから目を背けていては教訓さえも得られない。取材班が発足されたのはそんな時だった。

何を追えばいいのか

借金頼みが続く日本財政。「官から民へ」の流れの中、一般社団法人をはじめとする「民」が担う予算執行の領域が広がった。血税は適正に執行されているのか。「見えない予算」を追いかける——。

そんな一文を交えながら一般社団法人を取り巻く問題を報じたのは2020年10月14日だった。取材班ができてから3カ月が経過していた。

遡《さかのぼ》ること7月6日午後2時半頃。ブルブルと鳴る社有スマートフォン、画面を見ると経済部長からの着信だった。これまで現場の記者とは、ほとんどやり取りのなかった部長。まして、最若手の記者だと、喋ったことがあるのも数回程度だ。官庁の庁舎が集う霞が関付近の雑居ビルの地下1階に入る定食屋で昼食中だったこともあり、折り返すことにした。良からぬことが起きたのではないか、そう自問自答した。

食事後に折り返すと、調査報道に特化した取材班を部内で作るということだった。私もメンバーの一人として加わるように指示を受けた。前触れはなく、5分程度の電話でごくごく簡単に取材の目的や意図を説明されただけだった。まともな調査報道を手がけたこともなく不安になったが、部長からは「結果は気にしないから」とだけ告げられた。

2日後、あるデスクから一通のメールが届いた。週1回、デスクや各持ち場のキャップが集まる会議の議事録が共有されるメールで、そこには予算執行のあり方を問う取材班が立ち上がった経緯が記されていた。きっかけとなったのは持続化給付金を巡る一連の問題だった。以下のようなことが書かれていた。

「現場から人をはがして取材班を作るべきか。取材班を作るに値するテーマか。デジタルで読まれる記事を出すため。調査報道に重点を置くなら従来の仕事は見直さないといけない」

一般的に新聞をはじめとするオールドメディアの記者の大半は、企業や役所からの「発表モノ」やその時々に起きる「発生モノ」を中心に報じる。「ルーティンをこなす」と呼ぶ人もいた。こなすというのは語弊があるかもしれないが、独自のテーマを追いかけるのはあくまでもルーティンの傍らという不文律がある気がする。時間をかけて、特定のテーマの確たる事実をあぶり出す調査報道は、手間ひまもかかるため、ルーティンとの両立は難しい。

調査報道をはじめとする独自取材に注力しすぎると、他のメディアが大きく報じるニュースを報じられない「特オチ」が起きやすい。記者といっても会社員。ほとんどの人が感じる不安で、これといった解決策はない。

そんなことを思いつつ、日々の取材にも取りかかりながら取材班に加わることになった。国会議事堂の隣にある「国会記者クラブ」の一室に中堅記者２人と担当デスク１人、それに私の計４人が集まった。取材班といっても所帯は小さかった。

ネタ出しとはいい難い打ち合わせは、持続化給付金の問題以外にも追及すべきネタのアイデアが出されたが、結論は何も出なかった。１～２時間の協議で、ここでも最若手の私はただ黙って聞いているだけだった。誰がどんなテーマを追うかまでは煮詰まらず、取材の方向性はそれぞれの記者で考えていくことになった。この時は面倒なことに巻き込まれてしまったな、というのが本音だった。

当時、経済部が手がける調査報道は他のメディアでも前例がほとんどなかった。ネタに当てがあるわけでもなかったので、コロナ禍で顕わになった持続化給付金の問題を掘り下げるしかないと思っていた。雑誌『週刊文春』が緻密な取材と徹底した裏づけから次々とスクープ記事を連発するさなか、「文春砲」という言葉も生まれるなど、ある種のブランドが形成されていた。後塵を拝していることに歯がゆさしかなく、それが唯一のモチベーションだった。

「ネットで検索してもどこにも載っていない1次情報をつかみたい」

岡山支局から東京本社経済部に異動して2年目、入社6年目。飲みながら経済部の先輩にそうこぼすことが増えていた。

本当に知りたいこと

思いとは裏腹に、取材の突破口をどう広げていけばいいのかまったく分からなかった。

そこで、事件取材に精通する社会部のベテラン記者やスクープを連発する週刊誌の記者に接触してみることにした。持続化給付金にまつわる資料は、野党合同ヒアリングで提出された資料も含めると膨大で、パイプ式ファイルの厚みは20センチメートルほどにもなった。たいそうな資料を紙袋に詰め込み、喫茶店の机に広げてこれまでの取材経緯を説明している光景は周りから見ると少し異様に映っていたはずだ。

社内であっても手の内を明かさない素っ気ない人もいたが、同じ記者にこれまでの経緯を説明していると、自然と取材が弱い部分や疑問点が浮かんできた。そして、自分が資料を集めただけで満足していたことに気づいた。公開された資料から見落としているネタがないのか、結果がすぐ出やすい着眼点はないかと目先のことしか見えていなかった。

「読者が本当に知りたいことは何だと思う。広告代理店や政府はどうして一般社団法人を介する必要があったのか。ここを徹底的に掘り下げるべきなんじゃないか」

ある社会部出身のベテラン記者が、首をかしげて問いかけてくれたこの一言は図星でしかなかった。この記者は取材にとにかく厳しいと評判で、相談するのも億劫だったが、アドバイス通りに動くとネタがつかめることばかりだった。この時は、語り口がいつもと比べて柔らかで気持ちが少し楽になった。

「中抜き」と呼ばれるグレーゾーンが編み出された理由に迫るしかない。政府サイドはもちろん、サ推協の設立に深く関わってきた電通などへの取材にも踏み込んでいく決心が固まった。大手広告代理店に関しては、新聞広告との関係も深いため、深入り取材はタブーというのが雰囲気としてあった。ただ、明確に取材を控えるように指示を受けたことは誰からもなかった。多くの記者に相談してみると、誰も追いかけたことがないということだった。やれるところまでやってみようと腹をくくった。

４年で１兆３５００億円

最終的に国が一般社団法人に支出していた予算は２０１５年度から18年度の４年間で少な

くとも１兆３５００億円に上ることが分かった。１兆円と聞くと浮世離れしてピンとこないが、１年間で徴収する酒税やたばこ税を上回る規模だ。

支出元を府省庁別に見ると経済産業省が突出して多く、同省の予算執行が一般社団法人に依存している構図も浮かび上がった。一般社団法人が担う予算の規模が明らかになるのは今回が初めてだった。

取材では政策シンクタンク「構想日本」などが開発した予算情報の解析システム「ＪＵＤＧＩＴ」をもとに、約５０００に上る国の全事業について分析した。一般社団法人への支出予算に限定し、公文書と照らし合わせて支出額とその執行状況を検証した。

それによると、集計可能な15年度からの４年間に一般社団法人に委託された事業は延べ５４１３件で、委託先は計１３６９法人。支出額のトップは電通などが設立に関わった一般社団法人「環境共創イニシアチブ（ＳＩＩ）」で、エネルギー関連事業など30件、計３７０８億円を支出していた。国の事業は5年に１度は個々の事業の目的や成果目標などをチェックする必要があるが、ＳＩＩが担った事業の３分の２近くは点検を受けていなかった。

ＳＩＩは補助金の交付事務を行うに当たり、説明会の開催やコールセンターの運営にかかる事務などを他の事業者に再委託している。一般社団法人は、法人に参加する社員・企業への利益の分配を禁止しているが、こうした一部事務の委託先には電通も含まれる。電通などが設立に関与した法人に補助金が流れ、その補助金で電通に再委託する構図は、サ推協から電通やその子会社などに再委託された持続化給付金事業のスキームと同じだった。

ＳＩＩの代表理事はサ推協の設立時の代表理事と同じ人物だった。単なる偶然だろうか。持続化給付金事業はサ推協ともう１社が入札に参加していたが、その提案書などは非公開で、サ推協がなぜ参加したかを外部から判断することはできないままだった。

そこで、ＳＩＩに支出された予算公文書をもとに使途の分析を試みたが、提案書や実績報告書についてはやはり非開示だった。経産省は、「開示した方が良い項目があっても現行ルールではＳＩＩが許可しない限り、開示はできない」と説明した。

国民ではなく、事業者の意向ばかり優先されているようだった。

委託元の大半は経産省

集計した２０１５年度以降、４年間の一般社団法人への予算の支出先を見ると、ＳＩＩに続いて多かったのは次の通りだ。

・低炭素投資促進機構（10件／約1559億円）
・次世代自動車振興センター（13件／約1087億円）
・全国農業会議所（39件／約705億円）
・すまいづくりまちづくりセンター連合会（22件／約437億円）
・新エネルギー導入促進協議会（15件／約407億円）

トップ10のうち、8法人が経産省の発注する事業を中心に受託している。こうした一般社団法人には広告代理店とゆかりのある人物が理事に名を連ねていた。

経産省が突出している背景には、出先機関が少ないことも関係している。

「警察庁には全国に警察署があり、厚生労働省にはハローワークが各地にある。出先機関が少ない経産省は一般社団法人に頼らざるを得ないのでは」

政府関係者はこう指摘した。また、このことを経産官僚に聞くと「大手頼み」である実態も認めた。

「電通は人や会社を差配する力がある『何でも屋』で、立案力も含めて社員の能力が高い。政策実行を官庁だけで考えるとなると、質、スピードが落ちてしまう。持続化給付金事業も、

◆政府から一般社団法人への予算支出上位一覧

（2015〜18年度）

順位	法人名	件数	総支出額	主要な支出元
1	環境共創イニシアチブ	30	3708億7700万円	経済産業省
2	低炭素投資促進機構	10	1559億8300万円	
3	次世代自動車振興センター	13	1087億2300万円	
4	全国農業会議所	39	705億3800万円	農林水産省
5	すまいづくりまちづくりセンター連合会	22	437億2400万円	国土交通省
6	新エネルギー導入促進協議会	15	407億4000万円	経済産業省
7	全国石油協会	20	399億4200万円	
8	地域デザインオフィス	3	360億3500万円	
9	全国信用保証協会連合会	4	347億円	
10	燃料電池普及促進協会	4	334億9600万円	

※「構想日本」などが開発した予算情報解析システムを基に作成。

じっくり業者を選定すれば1年かかる」

さらに経産省ＯＢは、「官僚のむちゃな要望、案件も引き受けて及第点を出す企業で、使い勝手が良い」と発注が大手広告代理店に偏る背景を明かした。

こう聞くと分かったような気持ちになるが、しっくりこなかった。広告代理店をはじめとする大企業が直接委託を受ければいい話だが、なぜそれをしないのか。官僚たちの流暢な話しぶりとは対照に、一般社団法人を介する理由はつかめないままだった。

格好の隠れみの

一般社団法人は、公益法人（旧社団／旧財団法人）で数々の不祥事が発生したことを受け、

◆一般社団法人と公益社団法人の違い

一般社団法人		公益社団法人
設立登記のみ	設立手続き	設立登記後、内閣府または都道府県に公益性についての認定を申請し、審査を通過しなければならない
設立も可能	理事会	必ず設置
原則不要	会計監査人	基準を超えた場合、必要
なし	行政の監督	都道府県または内閣府が監督
定時社員総会で会計報告	報告義務	年度ごとに予算書や事業計画書などを作成し、内閣府や都道府県に提出

※筆者作成。

公益法人改革関連法が施行された２００８年12月以降に広がった。事業内容に制限がなく、営利目的の事業も可能。設立したい人が２人以上いれば法務局への登記だけで設立できる。

法務省の推計によると、一般社団法人は２０１９年12月時点で約６万法人。実際はこの数字以上の法人が存在すると見られている。公益社団法人には予算書や事業計画書などを毎年度、内閣府や自治体に報告する義務がある一方、一般社団法人は定款や社員名簿、貸借対照表を備え、最低限の決算公告を求められる程度だ。一般社団法人の設立数を調査したことがある東京商工リサーチの担当者は「監督官庁がないため、一般社団法人には不透明な実態が多く、正確な情報がつかめない」とこぼす。調査のプロでもお手上げだった。

かつて、社団法人は財団法人とともに「公益法人」と呼ばれ、所管官庁が厳しく監督していた。ただ、手取り足取り指導するうち、天下り先と化した法人に税金から成る「埋蔵金」がため込まれ、納税者の知らないところで無駄な公金を使う「見えない政府」化が進んだ歴史がある。その教訓から新しい制度では、国が監督するのは公益性の認定を受けた公益社団法人のみとし、一般社団法人は行政の監督下に置かないことにした。

一方で、公益法人ほどでないにしろ、税制優遇を受ける一般社団法人が予算執行を担う場合の監視は難しい。情報公開が社員や債権者のみを対象としているためだ。サ推協の情報開示文書には黒塗りが多いが、説明義務が法令上、存在しないことに由来する。会計検査院による事後的な「官」の監視はあるものの、国民がチェックできない以上、財政民主主義の危機といわざるを得ない。

そして、監視の目が行き届かないことに目をつける人たちがいるのは当然だった。

足元では一般社団法人を隠れみのにした不正が横行している。２０１３年には東日本大震災の復興予算の流用先となった法人の不透明な実態が問題となり、法人を使った課税逃れも続出した。決算公告を怠る法人も後を絶たなくなっているが、改善に向けた打ち手はないままだ。外部監視が可能な情報公開のルールを整備する必要があるが、監督省庁がないことが足かせになって野放しになっている。

1・2　巧妙な合法的〝中抜き〟の実態

どうしたら証言を聞き出せるか

一般社団法人に「民」が目をつける理由が少しずつ見えてきた。

しかし、次々に大手広告代理店などが一般社団法人を立ち上げた経緯や、いつから盲点に着目し始めたのかなどは分からなかった。「民」からも証言を得ようと、まずは広告代理店業界を取り巻く問題や業界トップの電通をはじめ博報堂などについて公開情報からたどってみた。

業界のガリバー・電通は１９０１年創業で１４５あまりの国・地域にグループ従業員約６万人を抱えている。２０１９年の売上総利益は約９３９３億円。広告業のイメージが強いが、有価証券報告書では「顧客のニーズは広告などの領域を超え、総合的な課題解決力や、データを駆使した企画提案力などが求められている」などと記されており、コンサルティングや調査・企画に業務を拡大する姿勢を打ち出している。

コンサル業務を通して、政府から委託業務を広げていった背景に迫ろうと思い、大手代理店に勤務経験のある大学教授などの識者に会ったり、東京・新橋にある「広告図書館」（現アドミュージアム東京）を訪ねたりした。目を引いたのは『電通１００年史』（電通、２００１年）だった。いくつか引用したい。

経済大国として国際展プレゼンスを増した日本に対して、文化・芸術・福祉など多様な領域にわたって国際的に重要な役割が求められるようになると、日本政府はそれらに対して国家的なプロジェクトとして取り組んだ。電通は政府等の要請を受けて全面的な支援活動を行った。政府、国際機関、自治体等、公的団体の社会的コミュニケーション活動への協力によって、電通は企業のマーケティング・コミュニケーションにおいて培った多様なコミュニケーション活動の手法を一段と発展させ、公共的コミュニケーション活動における新たなノウハウを確立していった。

21世紀の電通は、文化面においても、政府、公共団体、学術組織、国際機関、各企業などとの連携を深め、オーガナイザー、プロデューサー、コンサルタントとしての役割を果たすべきであります。

国際会議や博覧会などの開催を通して、大手広告代理店が政府、公共団体の委託事業を手がけたのが始まりのようだった。それは電通だけに限らず、大手代理店の博報堂やＡＤＫ（アサツー ディ・ケイ）、東急エージェンシーなども同じだった。大手代理店の関係者などリストアップした約30人に手紙を送るなどして取材を申し込んで、より詳しい話を聞いた。

「先駆者の電通の存在は唯一無二。稼ぐことに対してのメンタリティーと意欲は桁違いで、記者顔負けの情報量と人なつっこさで取引先の懐にすっと入り込んでいく組織だ」（大手広告代理店幹部）

一般社団法人の問題に迫れているわけではなかったが、少しずつ会社のカラーや業界内を取り巻く状況が見えてきた。同時に、競合他社の社員は次のように口をそろえた。

「一般社団法人を利用した委託スキームに着眼するとは思わなかった。業界のガリバーには勝てないわけですね」

また、大手広告代理店には官公庁業務を請け負う専門の部署が存在するようだった。

そこで、一部の関係者から「公共政策部」とも呼ばれる部署に所属する電通社員の名簿などを入手し、リストをエクセルにまとめた。講演会などに出席した情報などもたどって顔写真も集めた。取材では頭の整理も兼ねて上下関係や人物像なども聞き、簡単な相関図も作った。これが結果として大いに役だった。関係者からの証言を得る時に内部事情を知っていると、取材相手が核心について話しやすくなったような気がする。

電通が入居するビルの前に数日間立ち、出入りする社員に声をかけ続けたこともあった（当たり前だが、話しかける距離には十分配慮した）。リストアップした関係者を見つけて声をかけたのは20人程度。嫌悪感を示す人が大半で声をかけたものの別人だったこともあった。非効率極まりないやり方で成功する見込みもなかったが、他に有効な手段は思いつかなかった。悶々とした時間が流れていった。

コロナ禍でもあったため、出社する社員はまばらだった。テレビ局勤務の知人などにも相談して、関係者の自宅を探して訪ねたり、社有アドレスにメールを送ってみたりもした。サ推協の業務執行理事を務めた電通出身の平川健司氏や、サ推協の共同代表理事かつ電通執行役員の大久保裕一氏（いずれも当時）らにも接触を試みた。私だけが問題に迫ろうとしているわけではなく、週刊誌も含めた他社の記者と現場で遭遇することもあった。幹部らの多くが住む高級住宅街で出待ちしていると、近隣住民から不審がられるのは無理もなかった。

　また、広告代理店関係者が御用達にするバーが銀座にあると聞いて通いつめてみた。こうした飲食費はもちろん自腹だ。初めての銀座の１人飲みは、いい値段がした。店内には、電通グループ社長をはじめ、役員や幹部らの名前が書かれたウイスキーのボトルがずらりと並んでいた。ウイスキーは好きではなかったが、店主にも悪い思いがしたのでボトルをキープした。２週間ほど続けてみた結果、まったく収穫はなかったが、不思議と悲壮感はなかった。思いついた取材にトライしない方がストレスだった。

　どこまで追い続けるべきか迷うこともあったが、ここまでくるとシンプルに事実が知りたかった。取材協力者に顔向けできない気持ちもあった。幸いにも経済部から取材を止めたり、制限したりするよう指示を受けることはなかった。

　一方で、無駄で非効率な取材はじわじわと代理店内で噂になっていたようだ。これが、のちに取材先から早々と信頼してもらえる一つの要因にもなった。そして、ある取材先からの紹介で、ようやく官公庁の委託業務に携わってきた電通関係者から一般社団法人を介する理由などの証言や資料を得ることができた。関係者（性別、年齢などは特定につながりかねないので差し控える）は20年以上にもわたって委託業務に携わってきたキーパーソンだった。

一つ一つ選択肢を潰していくと、ある時ふと運が巡ってくるのかもしれないとも思った。巷で噂されていた「丸投げ」「中抜き」の真実をやっとつかむことができた。

委託業務の始まり

7月下旬、関係者にはまずメールで連絡して都合を伺った。単なる「広告代理店たたき」ではなく、なぜこのスキームに一般社団法人を介する必要があるのか教えてほしい。そんな内容だった。快い返事があり、翌日会うことになった。

場所は東京・竹橋の毎日新聞本社だった。関係者とは何度も会い、社内の人ともすれ違うことが少ない地下の会議室を利用することが多かった。人通りはほとんどなく、薄暗い。湿気も立ちこめている。木目調の机が並べられただけの部屋の入り口付近で、関係者と私が向かい合って座った。

取材は、用意したペットボトルの水を飲む隙もなかった。質問を遮るように知り得る情報のほとんどを語ってくれた。なるべく一度で理解できるように必死で聞き入った。ただ、その後も電話やメール、対面を通して同じ話を何度も聞くことになる。同じ話を繰り返し聞いても関係者の話はぶれがなく、一貫していた。

国から請け負った事業を不必要に再委託、外注を繰り返す「中抜き」と呼ばれるスキームを実際に手がけてきた中心人物の一人でもあった。ただ、行きすぎた手法には違和感を覚えていたようでもあり、そんなことから取材に応じてくれた。

『電通１００年史』を読んでみたが、官庁からの民間委託業務は田中角栄内閣時から始まったんですか。そんな質問から取材は始まった。関係者は歴史を紐解くように各部局ごとの業務内容などを教えてくれた。

「ナンバー営業局で、歴史的にトップスポンサーはトヨタでね。第1営業局は必ずトヨタの担当で、クライアントは数千社ぐらいあると思うんですけど、トップ何社かが占めている割合は高いですよね。官公庁の業務もその一つという位置づけでね。業界で見ても我が社が占める売り上げの比率は半分くらいなんです」

全体像をつかむような流れから取材は進み、次第に官公庁の委託業務に移っていった。

「昔は中央官庁が広告を使うことなんてあまりなくて。確定申告の締め切りは何月何日ですっていう、いわゆる『ニコパチ』っていうポスターがあってね。女の子のタレントを使ってニッコリ笑ってもらう写真をとる広告なんですけど、それぐらいの仕事しかなかったんです。やっぱり、きっかけは博覧会。元々は大阪の万博ですけど、そこから１９８５年の筑波の科学万博と。ただ、その当時は全国規模という感じではなくて何年に1回という感じだったんだけれども、通産省（現経産省）が地方博を開いたのが大きな転機になりましたね」

官公庁と広告代理店の信頼関係は一朝一夕で築いたものではなかった。パズルのピースが一つ一つ埋まっていくような感覚。徐々に核心に迫りつつあるようで期待が膨らんだ。書き取るメモもいつもより筆圧が濃くなり、荒くなっていた。唾を何度も呑み込み、鼓動も速くなる。関係者の話しぶりも次第に熱がこもってきた。

唯一無二のマンパワー

「地方の活性化を旗印にして、47都道府県全部で博覧会を開いたんです。当然、それをやるためには人を集めてスポンサーセールスを行うことも必要でして。博覧会をやっても、スポンサーが集まらないことには話にならないので。スポンサー側としても、博覧会ごとにいろんなコンテンツを作るのは面倒で、持ち回りでコンテンツを作るんです。そこで、とりあえず我が社に任しておいたら何でもやってくれるよねって。そういう認識ができたのは大きかったと思います。そういう認識を持ってもらえたのはうちと博報堂ぐらい。博覧会を通して経産省とのつながりが大きくなりました」

関係者の口調には一切よどみがなく、目線も泳がない。時折、書きなぐった私のメモに視線が移る程度だ。そして、官公庁とタッグを組んで手がけてきた仕事についていくつか触れた。ここでは個別の事業には触れられないが、これまで手がけてきた仕事に自信を持っているようだった。

「仕事が増えてくると、今度は（官公庁の委託業務を担っている部署と）民間企業をやっている営業局と切り離しが必要になります。そして、補助金ビジネスだけをやる担当も後々できることになるんです」

社内再編や部署の役割の変遷、また所属する社員の名前がひっきりなしに登場する。人間関係や性格、得意とする仕事や取引先といった内部情報が次々と浮き彫りになった。

一般社団法人を介するスキームはあくまでも制度の性質を調べ尽くしたうえで法令違反に当たるわけではないという解釈で、「マーケティングの一環ですよ」ということだった。政府の「お困りごと」を解決する一つの手段に過ぎなかった。

「(官公庁関連部署の)売上は１０００億円単位でしょうか。自民党に対する食い込み方はすごいし、経産省、農水省、総務省は特に強いんじゃないですか。入札の仕様書自体を作ってくれとお願いされたこともありましたし。中央官庁の役人って忙しくて、いちいち作っていられないんです。『ちょっといい?』と言われて、『これよろしく』って。仕様書の文言をできるだけお役所言葉を使った『霞が関文学』にするとか、そうした依頼も楽々引き受けられるので、一番使い勝手が良かったんだと思います。マンパワーがあるので」

　すかさず、マンパワーとは何を指すか聞いた。

「マンパワーというのは広告代理店を頂点としたピラミッド構造ですよね。8~9次構造ぐらいの。これが他の代理店がなかなか勝つことができない構図なんですよね。ピラミッドの頂点の上に置くのが今回でいう一般社団法人。強いていうならば、ピラミッドの大きさが我々の強さなんです」

　関係者はピラミッドに名を連ねる会社名を次々に挙げていく。私も聞き逃すまいと必死にメモをする。枠外にはみ出すように大きく殴り書きされた固有名詞は自分でもなんとか読むのがやっとで、ノートは次から次へとめくれていった。

「事業によっては、少なく見積もっても１０００社は関連してくるんじゃないですか」

想像と桁が違い、驚きを隠せなかった。

一般社団法人というベール

ピラミッドの頂点に一般社団法人という名のつく組織を持ってくる意味とは——。

私の顔にそう書いてあったのかもしれない。関係者は「何か書く紙ない？　このペン借りていい？」とおもむろに尋ねてきた。そして、とっさに出したＡ４のプレスリリースの裏紙に男性はすらすらと「委託スキーム」を書き始めた。それぞれの会社が担当する役割も記載された。一度走り出したペンはまったく止まることなく、いとも簡単に書き上げられた。30秒くらいであっただろうか。説明もあったが、食い入るように見入る私は高ぶりを抑えるのがやっとだった。

「ごめんなさい。もう1回書いてもらえないですか」

興奮を抑えるのに意識を取られてしまったせいか、半分程度しか理解できなかった。私がこう尋ねると、関係者は苦笑いを浮かべながら今度はよりゆっくり説明しながら、同じスキームの図を別の紙に書き記してくれた。

「これがね、うまくできているんですよ。例えば、事業元の経産省がいるとした場合。その下にまずは一般社団法人を置くんです。確定検査ってあるよね。その確定検査って会計検査院も含めて、ピラミッドの頂点にある一般社団法人にしか基本的に行わないんですよね」

確定検査とは補助金額を確定させるため、補助事業終了後に官公庁から受ける検査のことで、事務局が申請内容通りに補助事業を実施し、経費が適正に支出されたかをチェックする。官公庁は委託先から提出された実績報告書の内容を確認して、必要に応じて現地調査やヒアリングを行うこともある。

「第１次支払い先と請求の関係は、経産省と一般社団法人なんです。ということは、一般社団法人とか公的なイメージがあるところを介した請求と支払いで済んでしまうんですよ。そこから他の会社に再委託や外注をするんですけど、広告会社の内部規約では、第２次支払い先の原価は開示しないということになっていまして。だから、会計検査院の確定検査が第１次支払い先で止まってしまうんです。仮に経産省からサ推協に８００億円払いました。そこからさらに広告代理店に７００億円で流した場合、８００億円の明細さえクリアになっていればいいんですよ。広告代理店に７００億円だけ払いましたって証明だけすればいいんです」

まさか……。私は背筋が寒くなった。血税の使途のチェックがこんなにもアバウトで杜撰なものとは思っていなかったからだ。

「なので、一般社団法人が経産省に見せなければいけないのは、広告代理店からきた７００億円の請求書だけなんですよ。実は、広告代理店がいくらでこの仕事をやっているかなんて追及されることはケースとして少ないんです。そういう仕組みだから。利益も乗っかっているので原価いくらなのって話になるんですけど、そこはぼかします」

官僚サイドを取材していても、誰もが委託業務の原価がいくらなのか、利益は一体どれくらいなのか、分からないと首をかしげていた。知らないフリをしているのではないか。そう思ったこともあったが、どうやら本当に知らないようだ。もしくは知ろうとすることで関係性が崩れる懸念があったのだろうか。

「仮に８００億円のうち、原価いくらなのっていうのを隠すためには、経産省から直《じか》で検査を受けるのはまずいんです。なので、広告代理店の上に一般社団法人を置く仕組みを考えたんです。そのやり方は合法かつ都合が良いので。もちろん、全部が全部、一般社団法人を介していると怪しまれるので補助金事業の規模や構造とかを見ながら判断しますが。いくつ一般社団法人を作ったか分かりません」

ほとんど言葉を発していないのに私の喉はカラカラに渇き切っていた。関係者が書いたメモと証言を書き記したノートをしばらく眺めた。浮かんできたのは、なぜ政府は「民」が編み出した手法を黙認し続けているのか。疑問は晴れたようで、また曇った。

他にも「中抜き」「丸投げ」と世間から揶揄され続けてきたスキームを誰が考えたのか、いつできたのか、そして他の官公庁でも多用されているのか——。関係者に聞きたいことが山ほど浮かんできて質問を繰り返した。1回目の取材は3時間近くに及んだ。関係者との取材のやり取りをメールに起こして、取材班のメンバーに送信した文面には重要箇所を★マークで記載したが、至るところに星印があふれていた。

政府も認めた杜撰なチェック体制

その後、関係者からの紹介や取材網をさらに広げて裏取りを進めると、なぜ広告代理店ではなく、わざわざ一般社団法人を設立して事業を受託する必要があったのか、その理由は前述の関係者の証言と大方一致した。

電通の場合でいうと、一般社団法人の設立に深く関与したのは官公庁の委託事業などを担当する「第15営業局」（のちのパブリック・アカウント・センターなど）で、そこに所属する社員が中心的な役割を担ったという。

　複数の証言をもとに再び政府を取材すると、一般社団法人に委託された事業は、発注元の官庁と会計検査院が経費の適正さを検査する一方で、その検査の直接の対象は原則委託先の社団法人で再委託先まで及ばないことも確認できた。つまり、事務局を構える賃料や人件費などをまとめた「一般管理費」の積算根拠や再委託、外注の内訳について政府からの監視の目が緩いということだ。まさに関係者の証言通りのチェック体制。実際に裏取りできると、事実の重みがグッとのしかかってきた。

「広告代理店は旧通産省からの天下りを受け入れていた経緯もあり、経産省とは信頼関係があった」

　業界からはこうした声も聞かれた。民間企業にとって行政の検査に対応するのは手間もコストもかかるという。両者は持ちつ持たれつの関係性だった。

　政府からの支出額が特定の４年間で最も多かったＳＩＩは計30件の事業を受託していたが、ＳＩＩの選定は入札を実施せずに決まっている。経産省によると、補助金適正化法に基づいて補助金を交付する法人を選ぶ場合、入札の必要はないという。

　持続化給付金事業を受託したサ推協の場合も同じだ。電通関係者は、「規模が大きい事業はなおさら、表向きの透明性を確保するために一般社団法人が良いという考えが浸透していった」と語ってくれた。

一般社団法人を巡る不透明な実態がようやく見えてきた。取材では電通にも正式にコメントを求めたが、期限までに回答は得られなかった。

問題だらけの一般社団法人

高級店が軒を連ねる東京・銀座。東銀座駅から5分ほど歩くと、10階建てで黒塗りのオフィスビルが見えてくる。「恒産第３ビル」（旧電通恒産第３ビル）だ。持続化給付金の再委託先となった電通子会社のほか、電通などが設立に深く関与したＳＩＩをはじめとする一般社団法人が入居する。

ＳＩＩが設立されたのは２０１１年だ。

背景に、「小さな政府」路線を掲げて歴代政権が進めてきた行財政改革があったことはすでに触れた。小泉政権の「聖域なき構造改革」は多くの特殊法人にメスを入れ、一般会計と別建ての特別会計を整理した。旧民主党政権下では「民にできることは民」の流れが加速し、独立行政法人（独法）が執行する事業も廃止や縮小となった。

ＳＩＩ設立の決め手となったのは２００９年11月の「事業仕分け」だった。公開の場で外部の視点を入れて予算事業の実態を把握し、必要性や無駄がないかなどを判定するものだが、閣僚経験者や経産省幹部によると、「仕分け」によって補助金給付業務の民間移譲が原則化したことで、経産省は独法に代わる新たな補助金の「配り手」探しに奔走した。電通など複数の企業に補助金事業の執行主体となれないか協力を打診したという。その際、補助金を執行できる法人としてＳＩＩを設立する相談を受けたようだ。ある経産省幹部は「補助金の配り手がいなくて執行できないという事態はあってはならなかった」と振り返った。持続化給付金事業をサ推協に委託した背景と同じだった。

　一般社団法人を巡っては、その後、不正事案が相次いだ。例えば、岩手県八幡平市のふるさと納税の返礼品であったマッタケの産地を偽装したとして「ドリームプロジェクト」（同県陸前高田市）の代表理事ら２人が２０１９年８月に逮捕されている。また、19年12月には、大阪府岸和田市の市民病院の契約を巡って、医師に謝礼を渡した贈賄容疑で「医療健康資源開発研究所」（東京都豊島区）の代表理事が逮捕された。２０２０年に入っても、６月に「全国育児介護福祉協議会」（同新宿区）が多額の支払い遅延を発生させていることが判明し、消費者庁が注意喚起を行うなど、一般社団法人のガバナンス（統治）を問う事態が相次いで発生している。

経団連や地方の医師会など、営利を目的とせず社会的信用のある団体が一般社団法人の法人格を取得するケースも多い。立正大学の浦野広明特別研究員（税法）は次のように話す。

「一般社団法人は公益性があるイメージが強いので利用されやすい。『サ推協』のように予算監視の目をかわす『隠れみの』に使うケースは他にもあるはずだ」

不正受給も相次ぐ

また、持続化給付金については、不正受給の疑いがある申請が１万件を突破する見通しであることも分かった。全体の規模（給付件数は約４２４万件）から見ると、ごく僅かだが、見過ごしていいというわけではない。

不正の大半が個人事業主による申請で、申請に添える確定申告書を偽造したり、架空の売り上げ台帳を作成したりする手口が中心だった。不正受給がここまで拡大した背景には、最短で申請から2週間で給付するという迅速性を優先し、手続きを簡素にしたことが原因といわれているが、委託業務に政府のチェックの目が行き渡っていないことも一因に挙がる。

不正受給を巡っては、これまでに10～20代の若者や税務署職員、所管官庁である経産省のキャリア官僚２人も不正受給していることが判明し、有罪判決を受けた。親子４人らで計９億６０００万円を詐取したとされる事件や、東京国税局職員らが計２億円をだまし取ったとされる事件も注目を浴びた。

政府は不正認定した事業に給付金の返還を求めており、応じない場合は申請者の氏名や住所を公表したうえ、事案によっては刑事告発するとしている。一方で、自主返還された場合には刑事告発を見送る方針で、２０２２年12月時点で約１万７０００件、計１８２億円の返還を受けた。

迅速な支給を優先させた結果、犠牲になったのは申請受付時の審査だ。不正続発を受けて２０２０年9月以降は、急遽それまで目視で確認していた運転免許証などを機械で偽造がないか確認するなど厳格化したが、それ以前に申請された全体の約８割は事実上、審査なしで受理された。

「まず、支給することが第一で、制度を止めるわけにはいかない。官邸からの要望もあって当時はこうするしかなかった」

制度設計に関わったある政府関係者はこうこぼす。また、別の関係者は、「電子申請で給付金申請を受け付けたことが被害の拡大につながった」と指摘する。

電子申請は、名前や電話番号の一部を変えるなどして、書類の偽造を繰り返すことが容易だった。また、何通申請しようとも郵便による申請のようにコストがかかることはない。この関係者は「一人が何百というアカウントを取得するという懸念に思いが至らなかった」と明かす。

そして、そもそも給付事業についての事務委託先が不透明だったため、不正受給への対応力が弱まってしまった。最大で9次下請けまで再委託や外注が繰り返され、申請受付の現場で把握したような問題点の共有は後手に回った。

「委託先と連携を密に取ることができていれば、不正を防げたかもしれない」

ある経産省幹部はこう嘆き、やり切れなかった思いを語り出すとなかなか止まらなかった。

改善する未来はあるか

経産省は不透明な委託スキームの実態を明らかにする有識者会議を立ち上げ、受注事業者が外注費の一部を利益として算入することを禁止するなど委託ルールの見直し案をまとめた。業務の大半を別の企業に外注しているにもかかわらず、税金の「中抜き」が生じているとの批判を受けたものだ。一方、50％を超える再委託は現行通りで、業務の「丸投げ」が起こる懸念は依然として残ったままだ。また、新ルールでは利益にあたる一般管理費に算入できる割合も、10億円以上の大規模事業で受注額の10％から8％に引き下げ、企業の取り分を小さくしたが、政府サイドは積算根拠まではつかめずにいる。

明らかになった一般社団法人を介したスキームの問題点。記事には次の内容を盛り込んだ。たった数行でしかないが、この言葉を送り出すためにほとんどの取材、議論を費やしたといっても過言ではない。

「（事業を受託した一般社団法人は）再委託先の電通から受け取る請求書を政府に提出するだけでいい」

「電通が所管官庁から直で検査を受けるのはまずい」

不正事案の疑いは今後も増える見通しで、政府内からは「最終的には数万件規模に上るのでは」との声もある。未然に防げた不正があるのは確かで、スキームの不透明さが犯罪への対応を遅らせた可能性は極めて高い。

一般社団法人を介した委託スキームの実態に関する記事を掲載した日の午前9時頃、ある経済官庁の幹部から一通のメールが届いた。

「今朝の朝刊記事、よく書いてくれました。毎日新聞でなきゃ書けませんね。ありがとう」

この幹部には何度も取材をしたが、言いたくても言えなかった思いが伝わってきた。もちろん、見過ごしてきた政府の責任も大きいが、本格的な取材を手がけてこなかった報道側にも同じことがいえる。

霞が関界隈からは、持続化給付金をきっかけとする一般社団法人の問題について、「まだその話題を追っているんですか」と冷笑されることもあった。それでも、初の不正受給発覚から2年半が過ぎても、改善はなお途上という状況で、このままで終わってしまってよいのだろうか。

一般的に、民間企業同士でも煩雑な取引の処理や信用の担保のために仲介者を通じた取引が活発に行われているが、数多くの取引を仕切る仲介者が力を持つようになると、手数料の増大や情報の搾取など、不利益を被るリスクが出てくる。こうしたリスクへの対処として、近年はブロックチェーン技術を用いるような取引の自動化に向けた研究も進んでいる。「スマートコントラクト」と呼ばれていて、ある契約・取引について決められた処理が自動的に実行されることで、契約履行管理の自動化が可能になる。契約情報へのアクセスも容易になるため、執行や検証もスムーズになることから、委託業務に応用できれば経費を抑えられるかもしれない。可能性の一つに過ぎないが、将来的な中抜きの解消手段として期待値は高い。

一方、岸田文雄政権が掲げる看板政策「新しい資本主義」では、社会課題の解決と利益の両立を図るためとして、株式会社でもなく、ＮＰＯや公益社団法人のような非営利法人でもない、「第３の法人形態」設立に向けた議論を始めた。多様な形態を持たせることで、地域ごとに異なる社会課題の解決につなげる狙いだが、なぜ今なのか疑念は拭えない。過去にも第三法人の検討が見送られた経緯があり、官公庁の委託業務で「中抜き」が起きたり、情報漏えいのリスクが高まったりする懸念が広がっている。

この第三法人について税制優遇はないが、営利性も担保されるため、株式会社との線引きが難しく、そもそも法人形態が乱立することから、政府内からでさえ、「意義づけがよく分からないし、まずは既存の法人形態を整理すべき」という声も漏れる。例えば、２０２２年７月から本格化した、中学校などの部活動を学校単位の活動から地域単位の活動に移行するための担い手確保は急務で、第三法人の活用も選択肢として考えられるが、進む方向次第では血税の「見える化」が後退しかねない懸念もある。

一般社団法人を巡る問題は放置されたまま、新たな中抜きの抜け道が生まれてしまうのか。そんな疑念が拭えない。

第2章

ブラックボックスの五輪予算

——うま味だらけの人件費単価

東京オリンピック・パラリンピックが１年延期になったことで、大会経費は当初から２倍超の１兆６９８９億円に膨らんだ。都民・国民の血税も９６０６億円含まれる中、なぜ肥大化し続けたのか。国民的行事にもかかわらず、財政支出は政府でさえもチェックできない状況に陥っていた。象徴的だったのが、競技が実施される42会場の運営委託費だった。東京オリンピック・パラリンピック競技大会組織委員会（以下、組織委）が大手広告代理店などに委託した会場運営費の「人件費単価」は、１人当たり１日最高35万円と破格な額で契約が結ばれていた。５万～７万円とされる国の委託契約と比較すると、異常だといわざるを得ない。ブラックボックス化された人件費単価の正体を追いかけた。

2・1　内部文書が示唆するオリンピック予算の闇

強行されるオリンピック開催

一般社団法人を介した持続化給付金の委託スキームの問題を追っている時、9次構造にも連なるピラミッド構造の中で、末端のコールセンターや事務局スタッフ1人あたりの人件費単価は一体いくらなのか——そんな疑問が浮かぶも、結局つかめずにいた。国会の野党合同ヒアリングでも、たびたび「人件費単価」を開示するよう所管の経産省に求めていたが、企業の利益に当たる「一般管理費」が事業費に占める比率（10%）が明らかにされただけで、闇に包まれたままで終わった。

この時はまさか「オリンピックマネー」を切り口に迫るとは思いもしていなかった。きっかけは取材相手からの問題提起だった。ぶつけようのない怒りに満ちていた。

2020年3月24日、コロナ禍に伴って、安倍晋三首相（当時）は東京オリンピック・パラリンピック開催の1年延期を発表した。そして翌年、東京オリンピックまで2カ月に迫っていた2021年5月になると、「開催を実現することに集中すべき」とIOC（国際オリンピック委員会）のトーマス・バッハ会長は何度も強調した。開催の是非について議論はせず、開催は決定しているのだからということだったのだろうか。

コロナ禍に伴って、日本は緊急事態宣言下にあった。新型コロナが持つ感染力は依然として強く、延期を発表して以来、組織委、東京都、政府は実施を目指して迷走を重ねていた。世論調査では国民の7～8割が東京オリンピックの中止や再延期を求めても、政府の見解は変わらなかった。なぜコロナの感染拡大まっただ中に開催されたのか。

それはIOCに「ノー」といえない理由が日本政府にあったのかもしれないし、菅義偉首相（当時）の総裁選再選という政治戦略にオリンピック開催が組み込まれていたのかもしれない。菅首相は自らの自民党総裁再選、それに続く衆院選で勝利するために、何が何でもオリンピックを開催し、その成功を実績として内外に示す必要があったのでは――。その真意は今も推測でしかないが、こう考えるのが自然だった。

目を疑う内容の内部文書

オリンピックには公金が投入された。

私は２０２０年11月から約半年間かけて、東京オリンピック・パラリンピックを巡る会場運営の委託費の詳細を追っていたが、個人の意見としては「開催するにしても、感染対策費も含めてオリンピック予算の透明性を高めることが先決」という考えだった。公金が次から次へと投入される中、大雑把な内訳しか公表されていなかったからだ。

岡山支局から東京本社経済部に異動してきたのは２０１９年５月。東京オリンピック・パラリンピックが開催された後、日本経済がどう変わっていくのかという観点から取材をしてみたいと考えていたのも何かの縁かもしれない。そんなことを思いながら、大会関係者への取材を繰り返していた。

取材が終盤にさしかかっていた２０２１年３月には、福島県にあるＪヴィレッジから聖火リレーが出発し、いよいよ本格的にオリンピック開催に向けて幕を切った。復興五輪と銘打って、福島県のいくつかの市町村で聖火ランナーが走ったが、誰のためなのか、目的は何なのか、そんな思いを抱えながら委託費の人件費単価の実態を報じるため、神経をすり減らしていた。取材相手も同じ疑問を抱えていた。毎日新聞を含め、大手新聞社は東京オリンピック・パラリンピックのスポンサーも務めていた。オリンピックマネーに迫っても正確に伝えることができるのか。そんな不安も日々つきまとったが、編集局も覚悟を決めてくれた。

取材相手の多くは組織委の関係者でありながら、官公庁の委託業務にも精通した人物だった。そのため、オリンピックの人件費単価が政府の委託事業と比較したうえで、どれだけ跳ね上がっているのか、その異常さを語ってくれた。

そもそも人件費単価とは、会計検査院の報告では次のように説明されている（会計検査院報告書より抜粋）。

> 「人件費」は委託業務に従事した者に対する給与等の支払実績を基に算出した1時間当たりの「人件費単価」に、委託業務に従事した時間数を乗じて算定することが原則とされている。

例えば、国の予算のあり方を監視する会計検査院は２０１６年度決算検査報告の中で、名護市辺野古の新基地建設を巡り、沖縄防衛局が発注した15～16年にかけての海上警備業務の人件費に関して、１億８８８０万円分が過大だったと指摘している。国が決めた公共工事の際に用いる人件費単価（労務単価）ではなく、業者から提出された見積書で人件費を算定したことを問題視し、「公表されている人件費単価を採用すべきだった」と防衛局に改善を要求している。

　政府は人件費の計上について、その前提となる人件費単価の設定を適正に行うことを繰り返し求めていて、これは近年の検査方針でもある。ただ、中央官庁では国交省と総務省の一部で「単価」を公表している程度で、公開されている情報はあまりにも少ない。

　そして、東京オリンピックの人件費単価に関して、最初に入手した１枚（Ａ３）の内部文書に書かれていたのは、目を通すと誰もがその内容の真意を疑うものだった。

最高１人１日当たり30万円

　ベールに包まれていた人件費単価は、１人１日当たり最高30万円で検討されていた。組織委はコストを算出するための「参考値」で、この額を前提に発注することはないというが、実際の額は非公表とした。

　東京オリンピックは計33競技３３９種目があり、これを9都道県の42会場で実施。各会場で観客誘導や報道対応などの業務が必要で、組織委がそうした運営を企業に委託する。

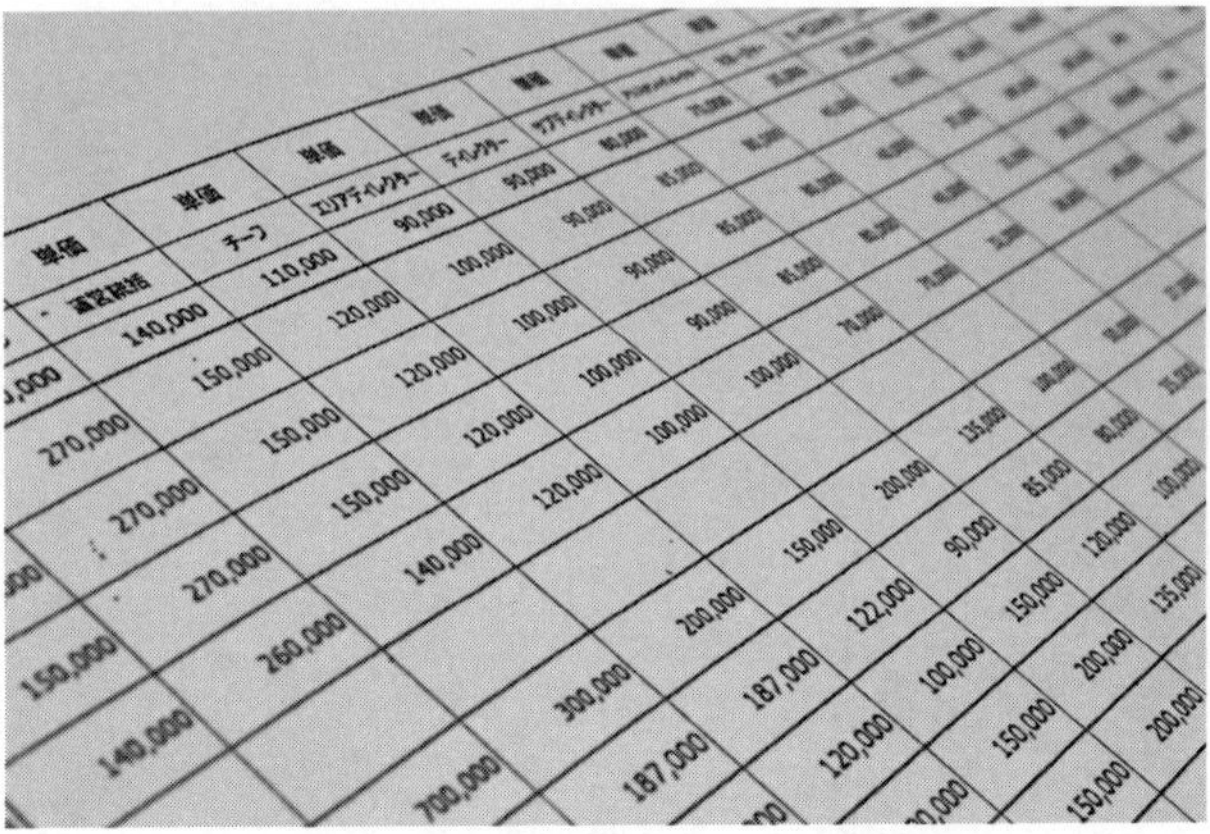

オリンピック予算を積算する材料となる人件費単価が記された内部資料。2021年3月30日撮影。写真提供：毎日新聞社

見積額比較表と書かれた資料はオリンピックの１年延期が決まる２０２０年３月より前に作成したものとみられ、観客の入場を制限しない「完全開催」を前提にしている。委託先企業はＡＤＫや電通、東急エージェンシー、博報堂などの大手広告代理店を中心に、イベント制作を手がけるセレスポなど計９社となっていた。

改めて人件費単価とは、労働者１人当たりにどの程度お金がかかるかを示し、予算を積算する際の根拠を示すものだ。基本給相当額のほか、諸手当（住宅、通勤など）や賞与相当額、事業主負担額（健康保険、退職金積み立て、介護保険など）が含まれるため、労働者に実際に支払う「日当」とは異なる。国が発注する道路工事などの公共事業や「Ｇｏ Ｔｏトラベル」などの民間委託事業の人件費単価は最高６万〜７万円前後に設定されている。

参考までに、Ｇｏ Ｔｏトラベルキャンペーンの人件費単価（国土交通省より説明）を記載する。国会で開かれた野党合同ヒアリングで公表された資料をもとに作成した。

出向社員の人件費単価（日額）

・システムプロジェクトマネージャー：６万９８００円（５人）
・事務局長・事務所長：６万９８００円（59人）
・部長級：５万５３００円（２１３人）
・課長級：４万８７００円（２３１５人）
・係長級：４万６０００円（２５２２人）
・係員級：３万２７００円（１２５１人）
・派遣・契約社員：２万７９００円（５７２人）

Ｇｏ Ｔｏトラベルと比べて、東京オリンピックの人件費単価は「運営統括」（企業の部長

◆役職別の人件費単価（日額）

役　職	基準額	最高 ／ 最低額
運営統括	14万円	30万円 ／ 11万円
チーフ	11万円	20万円 ／ 8万円
エリアディレクター	9万円	15万円 ／ 7万円
ディレクター	9万円	20万円 ／ 8万円
サブディレクター	8万円	13.5万円 ／ 7万円
アシスタントディレクター	7万円	10万円 ／ 6万円
マネジャー	3.5万円	7万円 ／ 3.2万円
サービススタッフ	2.5万円	4.2万円 ／ 2.5万円
スーパーバイザー	12万円	20万円 ／ 10万円
スタッフ	7万円	12万円 ／ 4.2万円

※組織委の内部資料より作成。

級に相当）を筆頭に「チーフ」「ディレクター」「サービススタッフ」など計10ランクの役職に分類して設定されていた。それぞれに「基準額」とみられる目安が設けられており、「運営統括」は14万円、「チーフ」は11万円、「ディレクター」９万円などと記載されていた。

42会場分の委託費は計約１６３億９０００万円で、組織委が事前に設定したとみられる予定価格を１割ほど超過。うち、東京・武蔵野の森総合スポーツプラザで実施される競技運営を担う企業への委託費は約５億３０００万円で、人件費単価は「運営統括」で日額30万円、「チーフ」で同20万円、「ディレクター」で同20万円。この企業には他に３会場の運営を委託するが、人件費単価はどれも最高30万円だった。

広報担当者は人件費単価について「クライアントと

の守秘義務で公表はできない」と書面で回答した。

こうした経費が圧縮されず、むしろ逼迫したことで、大会全体の経費が膨張し、多額の税金を投入せざるを得ない状況になってしまったのではないか。まさに商業五輪の象徴だった。

記事の反響は首都圏を中心に一気に広がった。この内部文書を見れば、事業者への利益を優先するための開催なのか、と疑っても仕方がなかった。冷静さを保たないと致命的なミスにつながりかねないのは理解していたが、こみ上げる怒りを抑えるのに必死だった。休日でもオリンピック予算のことが頭から離れなかった。

「いくらなんでもこれは高すぎるでしょ。しかも、これ（本大会の委託費）って入札で決まるわけじゃないんです。（競技施設や大会運営などをテストする目的で実施される）テストイベントを受注した企業がそのまま請ける仕組みでして。国の契約じゃこんなの絶対にできないですよ」

資料を私に託した関係者はこう何度も繰り返していた。奇しくもオリンピックを契機にスポーツ利権の片鱗を垣間見ることになった。

参考値から大きく変わることはない

資料をつぶさに読み解いていくと、コンパクト五輪に向け、組織委がコストカットに動いた形跡はみられた。関係者の証言も含めると、会場運営を担う9社に支払う委託費は、前述の通り予定価格（約１４９億円）を１割上回る約１６３億円と記載されていた。元々９社分の企業側の要求額は約２１８億円だったといい、１回目の価格交渉でこれを約１９６億円まで減額した。それでも予定価格と開きがあったため、再度、価格交渉をして引き下げた経緯がある。ある関係者は、「予定価格はオーバーしてしまったが、再交渉で30億円超も予算を抑えたことで財務部に承諾してもらうしかなかった」と語り、企業側の高い要求を前に「ギリギリの妥協額」だったことを強調した。

内部資料にあった、アルバイト相当とみられる「サービススタッフ」の人件費単価は最高で日額４万２０００円と、組織委が目安として設定した基準額（２万５０００円）を大きく上回っていた。このサービススタッフを巡っては、ネットで検索すれば１日当たり１万２０００円前後が日当として支給されることが明記されていた。基準額から差し引いても、１万３０００円前後の額が上乗せして計上されていることが分かった。42会場の全役職の約５割で基準額を上回って日額が設定されており、関係者は「優秀な人材を各社で取り合うこともあって、人件費単価が高騰している」と釈明する。

この単価に加えて、利益に相当する一般管理費も別途支払われる。そもそも、経産省の規定で一般管理費は10%と決められているが、会場ごとにこの数字も異なっていて、10〜15%の間で設定されていた。15%は15会場に上った。

「参考値」として作成したという資料だが、記載額はどこまで現実的な額なのか。関係者の一人は「仮に『参考値』だとしても、実際の額がここから大きく変わることはない」と明かしてくれた。たとえ公金が投入されていても、オリンピック競技会場の運営は企業が担うため、そこにかかる費用は「民民契約」で決まる。そのため、予算はより見えなくなる。官公庁の契約では考えられない額の単価で契約が結ばれている可能性が高かった。

パンドラの箱となるオリンピック予算

組織委は国から「公益性」を認定された税制優遇のある公益財団法人だ。予算書や事業計画書などの開示義務はあるものの、会場の運営委託費については、テストイベントの委託先と委託費の総額が開示されているのみ。

組織委のホームページでは、大会にかかる予算の内訳として「ソフト（大会運営）」（73

１０億円）や「オペレーション」（１９３０億円）などの予算フレーム（大枠）が開示されていた。ただ、内部資料に記載された額がどのフレームに計上されていることになっているかについても、「公表しているものが全て」（組織委広報）とし、明らかにできないという。

官公庁の委託業務に20年近く携わってきた組織委幹部は次のように話す。

「純粋な民間同士の取引ならいいが、オリンピックのように税金が入る場合はその使途が追えなくなっている現状はどうか。しかもオリンピックは国民的行事であるにもかかわらずですよ」

企業側は人件費単価を「確たる根拠を持って説明できないもの」だというが、あえて説明できないようにしている気がした。ある職員は連日、東京都の沿岸部に位置する組織委の事務局（東京・晴海）から横浜までタクシーで帰宅していたという。僅かな額かもしれないが、塵も積もればそれなりの額になる。こうした事務局経費をできるだけ圧縮するというマインドを持つことが徹底されているとはいい難かった。

企業が上振れした経費を取り返すべく、利益を上乗せするなど数字を操作しやすいのが人件費単価だった。組織委に出向中の職員からも「表に出ない人件費単価を高額に設定することで、もうけすぎていないか検証が必要だ」との声が上がっていた。

ただ、組織委の職員でさえ開催なのか、無観客なのか、それとも中止なのか分からず、全てのパターンを想定して準備に振り回されていたのだ。全体像を把握することはできていなかった。

組織委が業務委託する企業の人件費の高さは政府内でも驚きのようだった。丸川珠代オリンピック担当相（当時）は、報道後翌日の閣議後記者会見で次のように述べている。

「こういう数字を耳にしたのが初めてで、どういう内訳で数字を出しているのかぜひ知りたい」

この発言により、政府が介入してオリンピック予算の詳細が判明する期待は高まった。東京オリンピック・パラリンピック大会にかかる総費用（1兆6989億円）のうち、国や都は合わせて約9606億円を負担した。しかし、丸川氏の話しぶりは次第にトーンダウンしていく。その後の会見で実態調査や契約額の公表に関して、「組織委員会がまず説明してくれるということなので、それから精査していく」との意向を示した。オリンピック予算は国民的行事でありながら、政府でも触れられないパンドラの箱だった。

◆国にも見えない五輪予算

大会費用の主な分担とその額

	組織委	東京都	国
会場関係	1955億円	5187億円	1506億円
大会関係	4449億円	675億円	112億円
新型コロナ関連	0円	103億円	251億円
支出計	6404億円	5965億円	1869億円

＋ 組織委の最終報告にない国などが負担した**経費2803億円**

※政府の資料を基に作成。

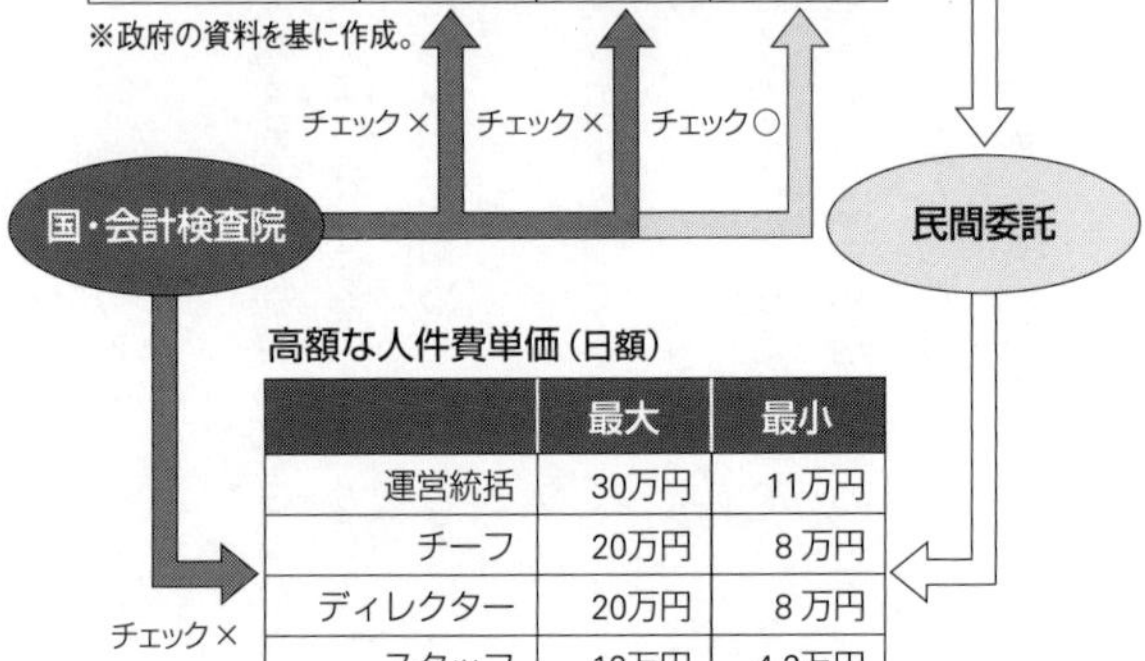

高額な人件費単価（日額）

	最大	最小
運営統括	30万円	11万円
チーフ	20万円	8万円
ディレクター	20万円	8万円
スタッフ	12万円	4.2万円

※組織委の内部資料を基に作成。

4割がピンハネ

東京都・オリンピック招致準備担当課長を務めていた順天堂大学の鈴木知幸客員教授（スポーツ行政論）は、政府や東京都が直接予算を管理するのではなく、公益財団法人の形態をとった組織委のガバナンスを問題視していた。公開されている予算の大枠だけでは、大会運営の何にどうカネがかかるのか分からないからだ。

「どの国、大会でも組織委員会は、公益性を持ちつつ、一つの独立した企業と同じような設定になっている。ＩＯＣが国の影響を受けないように求めてきている。

開催費用が膨らみ、財政難に陥りやすく、住民による反対運動も起きている。オリンピックはもろ刃の剣で世界に与える影響力が大きい分、経済化しやすくなってきています」

また、高騰する人件費単価について、次のようにこぼしていたのも印象的だった。

「一般的に、企業は利益に相当する一般管理費とは別に、『単価』に2割の利益を乗っけているともいわれています。しかも、そもそも見積もりが2割増しとも聞こえてくるうえに、値引き交渉は頑として譲らない。極めて不愉快でしたけど、他に担い手がいないのでしょうがないんです」

相場との差を理解するため、霞が関の役人や会計検査院の職員に内部資料を見てもらった。経産省幹部には持続化給付金事業などと比較してもらったうえで違いを指摘してもらった。資料を見てもらうことにはためらいがあったが、信頼できる取材先でもあったので、直接見てもらうことにした。

「えぇっ、たっけ。えっ、マジかよ」

「いや、ちょっとひどいね」

「あぁ、そう。そういうことができちゃうんだ」

幹部は資料に並んだ数字を上から下に目を移しながら、何度も同じ言葉をこぼす。この反応を得られただけでも収穫だった。

明かされなかった持続化給付金の人件費単価と比べると異常だという。私が最も高額な「日額　30万円」の部分を指すと、「諸々の経費を加えたとしてもそんなかかるわけないだろ。こんなの初めて見たよ」と話してくれた。

さらに、単価をまとめた表は政府に出される資料のフォーマットと酷似しているという。

「会場（委託事業者）ごとに一般管理費のパーセンテージが違うのもよく分からないよね。統一されたルールがないんじゃないかな。

それに、人件費は事業執行後にある確定検査の時に業務日誌と比較して、何時間働いたということを確認して日給として支払うんですが、この作業ってすごい面倒なんですよね。委託された側は業務日誌も出さないといけないですし。しかも、不正のケースとして多いのは業務日誌の改ざんがほとんどなんです。悪意がなくてもミスが起こりやすい部分なんです」

この幹部は委託企業とのやり取りの経験が豊富だったこともあり、口は滑らかだった。経験に基づく解説には説得力があった。

「Ｇｏ Ｔｏトラベルの人件費単価は、平均的な相場とほぼ近い金額です。この人件費単価の問題は、委託元の役所や公的機関が実際にいくら日給として支給する予定なのか、委託する時には一切分からないんです。

　一般的に、単価の6割が給与とか社会保障費とかの手当に使われる額、いわゆる給与っていわれている部分で、残りの4割はピンハネといわれています。つまり、この30万円のケースは通常の広告代理店のやり方だと、12万円くらいが利益に該当する額というのが私の推測です。各社の戦略だから微妙に違ってくるけど、考えることはみんな同じ。どうやったら一番たくさん取れるか、楽に取れるかなんです。委託する側は一つ一つの積み上げはまったく気にしていなくて、最終的に価格が安いか高いかの金額でしか見ていないよ」

　そう言われるといたってシンプルな気もしたが、事業費の総額が膨らむことに違和感を覚えないのか。

「類似の事業がないと比較もできないので相場って適当なんですよ。この事業って例えば600億円ぐらいだろうっていう相場感で。じゃあ、そこから値引きや交渉があることを考えて580億円にしようって。ある程度の線引きができたら10億円くらい粘ってみようと。つじつまを合わせるための資料、見積もりを作っていると思います。オリンピックはじゃぶじゃぶってことがこの資料からよく分かります」

別れ際、幹部からはこの「単価」は必ず報じるべきだと念を押された。内部資料を受け取ってから半信半疑で取材を進めてきたが、方向性としては間違いないという手応えをつかむことができた。

契約書類がないことも

また、会計検査院にも聞いてみた。東京オリンピック・パラリンピックはどの事業に公金を充てるかはある程度決まっているが、具体的には組織委に一任しているというのが基本的なスタンスだった。国民的行事とはいえ、組織委とクライアント間で契約上の守秘義務が生じるため、政府でも確認できない資料があるという。

組織委の杜撰な支出状況は会計検査院も問題視していた。2019年には、パラリンピックのドーピング検査の委託事業（約4億4000万円）において、組織委が業者に委託費の積算根拠となる資料の提出を求めていないケースがあり、改善を求めていた。似たような実態は他に5事業あり、単価と人数、日数が分かる資料がないなど事業の妥当性をそもそも確認できない状態だった。ある幹部は困惑気味にこう話してくれた。

「組織委がそういった資料の提出を企業側に求めていなかったことが原因で、委託事業の契約書類とかがなかったんです。請求書の支出を裏づける書類の提出もなくてびっくりしました。定期的に政府に対して取り組みの状況報告もされるんですけど、事業の内容、項目は書かれていても金目の記載は一切なしで。国の契約じゃちょっと考えられないことが起きています」

スポンサー企業を中心に民間企業からの出向者に加え、東京都や財務省などからきているスタッフもいる。「寄せ集め集団」では内部統制がまったく取れていなかった。

東京都の別の関係者は、高騰するオリンピックの運営委託費に疑問を感じてはいたものの、次のような言葉を漏らした。

「結局、（予算が）増えるのは確実で、個人にできることとしては何を簡素化できるか、調整していくかという観点でしか掘り下げられなかった。コロナ禍にもかかわらず、本当に会場を満席で埋められるのかと疑問だったし、不確定要素が多くて日々の変化は激しかったです。個別事業でも国が責任を持つのか、それとも東京都や組織委での調整で済む問題なのかということが内部でも整理が進んでいなかったんです。少なくとも、私はよく分からなかったです」

寄せ集めの人材で作られた組織では人間関係も希薄だった。コロナ禍でリモートワークが増えていたということもあって、本音で話せる同僚は少なかった。曖昧で不確定な要素は解消されないまま。それでも開催に向けて話は進んでいく。

「大会が1年延期になったことで、仮押さえしていた施設との再契約と必要な追加経費が着々と決まっていきました。本当に有観客でできると信じて仕事をしている人は少なかったと思いますし、むしろ、予算を抑えられるので無観客開催をはやく決断してほしいと思っていました。有観客というメッセージを出し続けることにこだわったのは、ＩＯＣとスポンサー。そして、組織委の上層部のみだったはずです」

人件費単価を日額最高30万円で検討していたのは、開催の形態が不確実だったため、ある程度予算を上乗せして見積もっていた可能性もあるという。契約に関する情報は基本的に非公開としている部分が多かったため、帳尻合わせはなんとでもなるという考えがあったのかもしれない。

これまで、不透明な「人件費単価」の実態を追及した報道はオリンピックに限らず、ほとんどなかった。華々しいスポーツの舞台裏でうごめく巨額の金を巡っては、運営側と事業者間でせめぎ合いがあったのかと思いきや、言い値に近い額を丸飲みするしかない状態だったとみられる。ある組織委職員から提供された事業者とのメールのやり取りでは、大会延期に伴って、事業者の内部規則に基づいて追加料金を求められていた。交渉の余地はなく、さもなければ代わりの事業者を探してくださいというような趣旨まで書かれていた。

組織委の職員も忸怩《じくじ》たる思いを抱えていた。

２・２　契約書に付随する驚愕の人件費単価

どんぶり勘定の五輪

開催都市にのしかかる多額の費用負担を背景に「オリンピック離れ」が進み、立候補都市が招致レースから撤退するケースが相次いでいることは先ほども少し触れた。２０２４年夏季オリンピックの招致では、当初５都市が立候補。しかし、15年11月にはＩＯＣのバッハ会長のお膝元であるドイツのハンブルクが立候補を取りやめた。また、16年にはイタリア・ローマ、17年にはハンガリー・ブダペストが撤退。いずれも膨大な開催費用を税金で負担することへの批判が国民の間で高まったためだ。危機感を抱いたＩＯＣは17年９月、その時点で選考に残っていたパリを24年大会、ロサンゼルスを28年大会の開催都市にすることを決定した。11年先の開催都市まで決めてしまう異例の決断だった。

「入札時の予算は頭金のようなもの」

２０２０年９月に英オックスフォード大学経営大学院のベント・フリウビヤ教授らによる研究チームは、オリンピックマネーが肥大化する原因についての論文を発表した。予算は通常、何かに費やすお金の最大額として設定するものだが、オリンピック予算に関しては「常にオーバーする架空の最少額のようなものだ」と指摘していた。

研究チームは１９６０年から２０１６年までのオリンピック予算を分析。論文によると、実際の開催費用（道路や鉄道などインフラ整備は除く）の予算超過割合は夏季大会で平均２１３％、冬季大会は同１４２％。夏季と冬季を合わせた全大会では同１７２％に達するという。これまでの夏季大会で最大の費用となったのは12年のロンドンで、１４９億ドル（約１兆５８００億円）。東京大会で公表された経費（１兆６９８９億円）は無観客開催にもかかわらず、ロンドン大会を上回る規模となった。

論文は、五輪が大幅な予算超過になる要因も分析している。スケジュールが固まっているため、「予算と日程を調整してコスト削減する選択肢がない」とし、費用が膨張しやすい構造にあると指摘。準備期間が長いため、招致時に景気が良くても開催時には低成長期に陥っているケースがあり、鋼材価格の上昇やテロによる警備費の増加などに見舞われやすいという。

さらに、開催都市が超過分を負担するという契約上の義務があるため、「ＩＯＣにはコストを抑制しようというモチベーションがない」とし、収益優先の姿勢も問題視している。論文では予算の超過が生じた場合にＩＯＣが自己資金から超過額の最低10％を支払うことを提案しており、「今欠けている効果的にコストを管理するというインセンティブ（動機）をＩＯＣに与えることができるだろう」としていた。

オリンピック開催国の政府は、必ずといっていいほど経済効果を強調する。東京大会は約３兆円ともいわれる投資に対し、直接的な波及効果だけで5兆円。長期的効果は28兆円に上り、１９４万人の雇用を創出するとしていた。だが、１００年に1度のパンデミックは、その期待を打ち砕いた。オリンピック開催による公衆衛生上のリスクと経済効果を比較検討する必要に迫られ、オリンピック投資は赤字に終わったスポンサーと、なんとか黒字にとどまった企業の二極化で幕を閉じた。

オリンピック予算は簡素化や無観客に伴う契約の見直しで圧縮されたものの、国と東京都が負担する公金の支出は、招致が決定した当時に発表した大会経費（約７３００億円）を上回る９６０６億円超に上ることになった。

示されなかった積算根拠

東京オリンピックの開催権を勝ち取ったのは２０１３年。「おもてなし」とともに掲げた売り文句が「コンパクト五輪」だった。このままではオリンピックは費用を捻出できる大都市でしか開催できなくなってしまう——。そんな危機感を背景に、世界が東京に期待していたのはカネのかからないオリンピックだった。

人件費単価が１人当たり「１日最高30万円」で検討されていたとする記事を出す前、組織委で広報を取り仕切る高谷正哲スポークスパーソンらには我々が入手した内部資料を見てもらった。兼ねてから、財務担当者への対面取材も申し込んでいたが、拒否され続けていたためだ。一般的に資料の開示は取材先が特定されるリスクもあるが、複数の関係者から文書の存在を確認していた。そのため、リスクは軽減できると判断し、取材相手の了解も得ていた。

高谷氏らには、人件費単価の見積もりや設定の仕方について質問した。組織委の事務総長は財務省の事務方トップである「次官」にも就いた武藤敏郎氏が務めているだけあって、行きすぎた「単価」は、内部からも問題視されているのではないかという思いもあった。信じられないと思う部分が少なからず残っていた。

ただ、実際に内部資料を見せると、それまで冷静だった高谷氏の表情が一瞬で赤く染まった。咄嗟《とっさ》にコピーを取っていいかと聞かれたので断った。

数日後、組織委からの回答がメールで届いた。

「今回、業務に関する内部情報を御社が入手していた件について、入手にあたって当会職員の違法・不適切行為を助長するような行為があれば、不正競争防止法に抵触するおそれもあり、また、更なるコスト増を招きかねず、誠に遺憾です。面会時に提示された資料については、内部で予算を組む際に、社内のバックアップ体制等も含めて必要な体制に想定されるコストの積算をするための参考値として作成しているものであり、これを契約条件にすることはあり得ません」

記載のある「参考値として作成」とあるものが、具体的にどういったものであるかについては言及はなかった。質問状は２０２０年11月～21年2月の間、複数回にわたって送っていた。しかし、内部資料に記載されている単価が何を指すものなのか、役職、会場ごとに記載された金額は何を意味するものかなど、尋ねた質問についての答えがあまりにも食い違うものばかりだった。どう捉えれば、そういう解釈になるのか理解し難かった。

最終的に組織委からの主な回答は以下の通りだった。（原文ママ）

・国や地方公共団体において、長年に亘り数多くの蓄積がある公共建築工事では、積算基準を用いて予算額（＝予定価格）を算定しておりますが、実際の契約価格は、その時点での需給など様々な要因によって決定するものと承知しております。なお、国や都に積算基準があるものについては、我々もそれを参考にしながら業務を進めています。

・しかし、国や東京都など地方自治体でも、定型的でないイベント等の業務委託においては、都度、事業者から下見積り等を聴取し、予算額を算出しており、積算基準なるものは存在していないものと理解しております。

・会場の運営業務につきましては、すでに回答しているとおり、人の雇用契約等ではなく、業務全体を着実に遂行する責務を事業者側に求める総合的な委託契約となります。

・当然、契約にあたっては、組織委と事業者側が折衝しており、これまでの契約実績や大会時の需給状況や他者の見積りなどを踏まえて価格交渉を進めており、事業者ごとに強みや弱み、調達力の差もあり、一律の金額とはなりません。

・今回、会場運営については、全体では9社に業務委託を行っておりますが、43会場という多くの会場運営を短期集中で実施する特殊な状況下での契約であり、諸要素の需給バランスが通常と異なります。また、オリパラ合わせて55の競技の世界選手権クラスのイベントを一時期に行うともいわれるオリンピック・パラリンピックの特性から、繁忙期における人手確保の困難性等が理由で、御社から見て通常時に実施されるイベントに比べれば割高に感じられるような委託料が設定されているものもあるかもしれませんが、業務を委託するためには不可避な実勢価格と認識しています。

問題提起したかったのは、人件費単価が高いか低いかというのももちろんあったが、それが根底ではない。確かに、当初入手した文書は実際の契約書ではなく、委託事業者から提出された見積書を内部で整理した「見積額比較表」だったが、その点を踏まえても、カネの出し手である納税者の目で予算の妥当性を検証できないことだった。

組織委のこの回答について、ある関係者は怒り心頭でこう話した。

「木で鼻をくくったような回答ですね。契約書は何に基づいて作るかというと、各社から出された見積書に基づいて作成する。契約総額の高いか低いかでしか見ていないから、曖昧な回答しかできないんだと思います。少なくとも単価の資料は見積書と付随していますよ。組織委の中は、出向元の利益をいかに確保するかみたいな感じで、仕事の奪い合いが起きている部分もあるんですよ。ある意味、情報戦争ですよ。人件費を直接個人に払うわけではなく、契約主に払うのは当たり前で、委託や再委託を繰り返しているから、全体像をつかむのがやっとということなんでしょうね」

組織委からの回答はさまざまな取材先に目を通してもらい、意見をもらった。

もはや、オリンピックマネーが肥大化してきた理由には、外部による監視機能が働いていないことが明らかだった。この報道は、週刊文春やＴＢＳテレビの『報道特集』などでも報じられた。そして、国会でも連日取り上げられることになる。

組織委が業務委託する企業の人件費について、組織委の布村幸彦副事務総長は２０２１年４月７日の衆院文部科学委員会で「一人一人の人件費は個人情報のため控える」として明言を避けた。野党は「契約内容と（人件費の）積算根拠を開示すべきだ」などと指摘したが、布村氏は「個人に支払う契約ではない」「安い調達を行うべく厳しい査定と交渉をしている」などと繰り返し答弁するにとどまった。

また、丸川氏は４月19日の衆院決算行政監視委員会で、「守秘義務で見せてもらえない資料がある」と、担当閣僚でさえ詳細を把握できていない実態を明らかにした。ただし、組織委の委託業務における人件費や経費にあたる一般管理費などの算出は、国の基準に基づいて行っていると説明。「経費が多いか少ないかは分からない」と丸川氏は明言を避けたが、「国民に歓迎されるオリンピックでないといけないので、組織委には透明性を高めるための説明を尽くしてもらいたい」と答え、組織委に説明責任を果たすよう求めた。

こうしたその場しのぎのやり取りが国会で連日続く中、私は新たな取材先の開拓を続けていた。実際に組織委と委託企業間で結ぶ契約の実態を暴くため、あらゆるツテをたどって関係者へ接触を試みた。このまま引き下がるわけにはいかなかった。続報を出すには、新たな事実をあぶり出すしかないともいわれていた。

最高額は1日35万円

そうした中、初報から約2カ月後、ある取材先の協力のもと、組織委による民間企業への会場運営委託の契約書とその書類に紐づく内訳書の写しを入手した。国会で政府、組織委の曖昧な答弁が続き、組織委内で異議を唱える声が高まっていたことで取材先が声を上げた。

内訳書には、大会準備・運営に当たるディレクターなどの1人当たりの「単価」として最

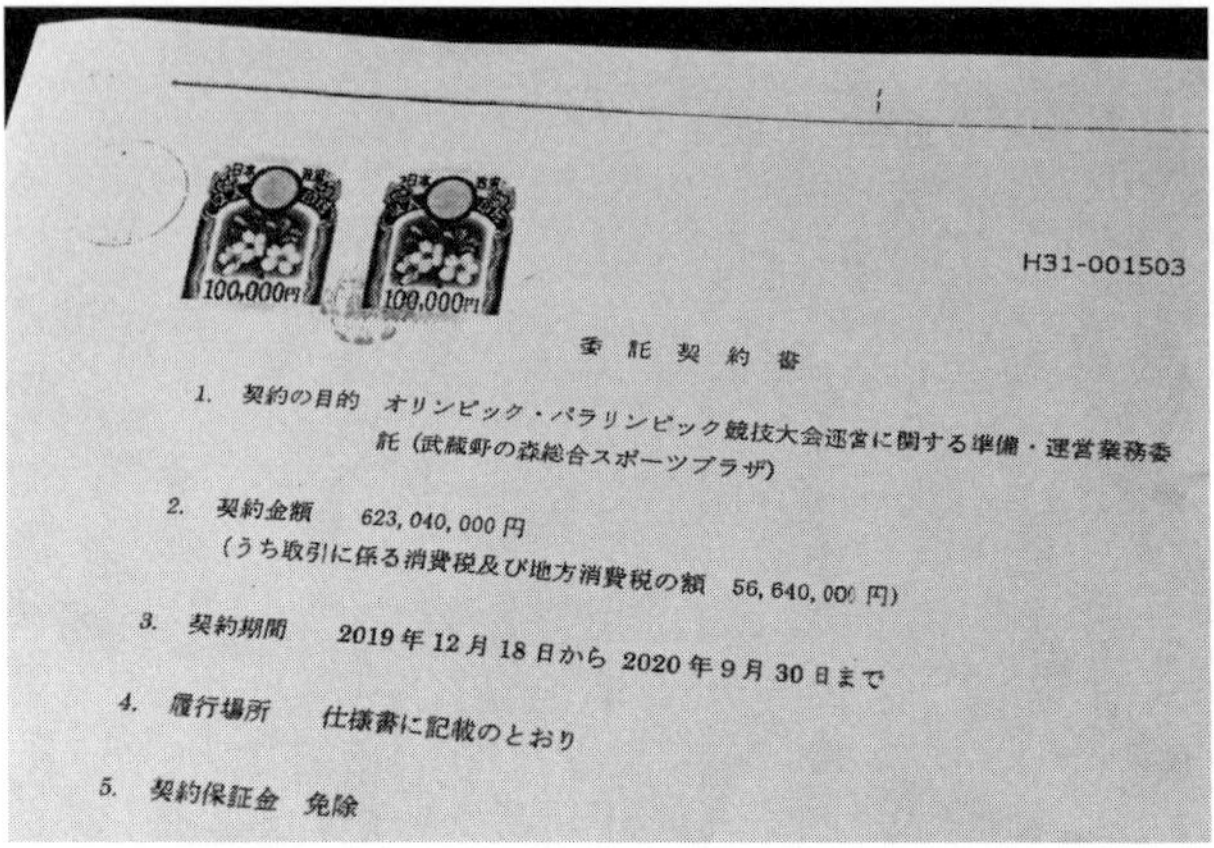
H31-001503

100,000円　100,000円

委託契約書

1.　契約の目的　オリンピック・パラリンピック競技大会運営に関する準備・運営業務委託（武蔵野の森総合スポーツプラザ）

2.　契約金額　623,040,000円
（うち取引に係る消費税及び地方消費税の額　56,640,000円）

3.　契約期間　2019年12月18日から2020年9月30日まで

4.　履行場所　仕様書に記載のとおり

5.　契約保証金　免除

オリンピック会場の準備・運営業務の委託に関する契約書のコピー。2021年5月26日撮影。写真提供：毎日新聞社

高１日35万円と記載。人数や日数を掛け合わせて委託費を積算したとみられ、その総額は契約書の金額と一致していた。

我々が入手したのは、オリンピック開催の42会場のうち、組織委が大手広告代理店に委託した武蔵野の森総合スポーツプラザ（東京都調布市）の準備・運営業務の契約書。契約日はオリンピックの１年延期が決まる前の２０１９年12月17日で、期間は翌日から20年９月末まで。契約金額は消費税込みで６億２３０４万円と記載されていた。契約先の社判も捺印されていた。

内訳書には、業務を担うディレクターや運営統括など職務ごとに「単価」と「人数」「数量」が記されていた。最も単価が高いの

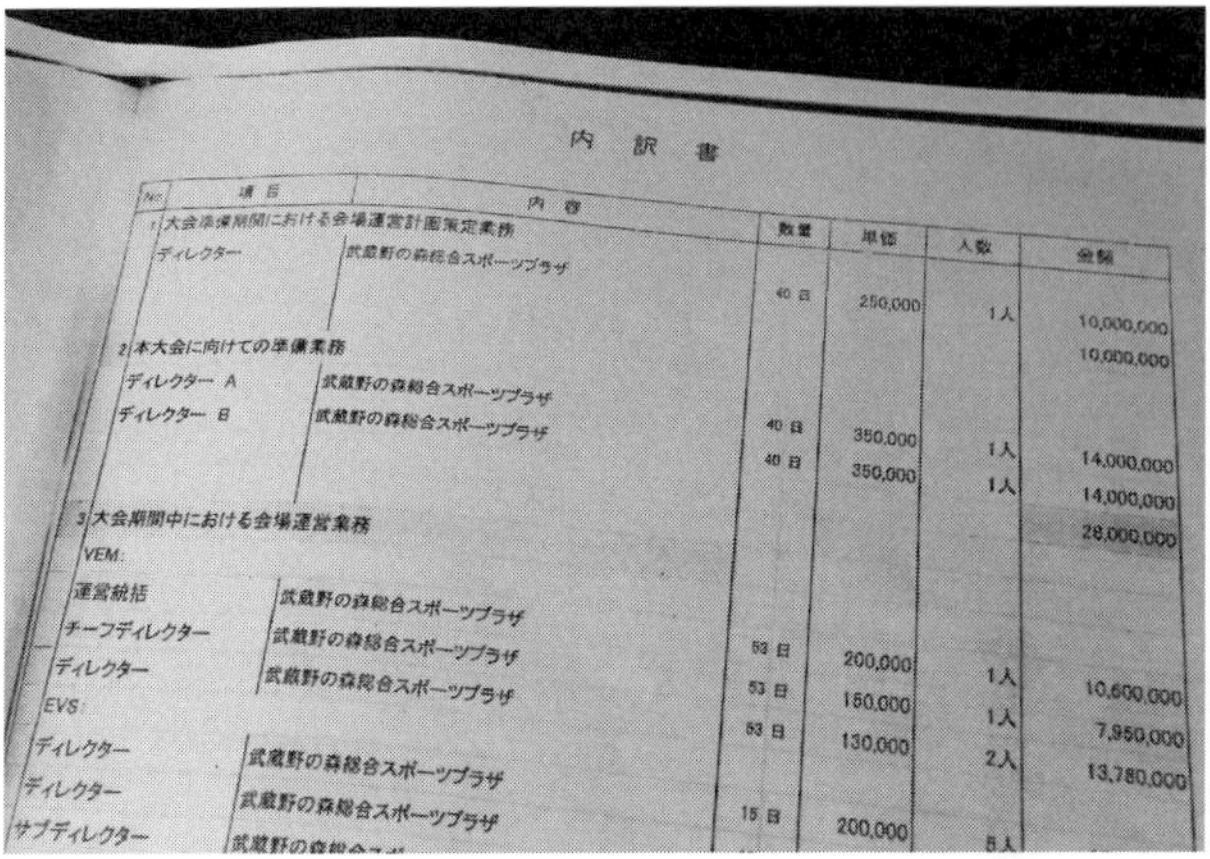

内　訳　書

No	項目	内容	数量	単価	人数	金額
1	大会準備期間における会場運営計画策定業務					
	ディレクター	武蔵野の森総合スポーツプラザ	40日	250,000	1人	10,000,000
						10,000,000
2	本大会に向けての準備業務					
	ディレクター A	武蔵野の森総合スポーツプラザ	40日	350,000	1人	14,000,000
	ディレクター B	武蔵野の森総合スポーツプラザ	40日	350,000	1人	14,000,000
						28,000,000
3	大会期間中における会場運営業務					
	VEM:					
	運営統括	武蔵野の森総合スポーツプラザ	53日	200,000	1人	10,600,000
	チーフディレクター	武蔵野の森総合スポーツプラザ	53日	150,000	1人	7,950,000
	ディレクター	武蔵野の森総合スポーツプラザ	53日	130,000	2人	13,780,000
	EVS:					
	ディレクター	武蔵野の森総合スポーツプラザ	15日	200,000	5人	
	ディレクター	武蔵野の森総合スポーツプラザ				
	サブディレクター	武蔵野の森総合スポ				

契約書に付随していた内訳書のコピー。職種ごとに人数や単価が記載されている。契約書と同日に撮影。写真提供：毎日新聞社

は、「本大会に向けての準備業務」を担うディレクターで35万円。人数は２人、それぞれ40日で計２８００万円が計上されている。大会期間中では、最も安いサービススタッフの単価が２万７０００円。３７３人が15日分、３３９人が13日分で合計額は約２億７０００万円となっている。見積書を集計したとみられる比較表に書かれた単価より、契約書と紐づく内訳書に書かれた最高額の方が高いことには開いた口が塞がらなかった。

契約書を巡る問題は、再び衆院文部科学委員会で取り上げられた。布村氏は提示された資料が契約書の写しであることを認めたが、内訳書については「契約締結の際の参考資料」と説明した。新たに明らかになった内訳書の「単価」について布村氏は答弁で、「必要な経費やバックヤードの費用を含むものと推測され、人件費単価そのものではない」と述べた。

また、丸川オリンピック担当相は定例の閣議後記者会見で、「実際に公費を払うのか払わないのかとなった時点でチェックする」との見解を示した。１日35万円の「単価」については、組織委からの説明で、

「実際はこの人が率いるグループの人件費も含めて払われるという書き方をしている」

「別途それぞれに支払う時に契約を結ぶそうだ」

「最終的な（政府の）チェックを踏まえて、組織委が適切に対応すべきだ」

と述べるにとどまったが、資料やその記載内容の事実を否定しているわけではなかった。

政府でも検証できず

東京オリンピック・パラリンピックは新型コロナの感染拡大により、原則、無観客開催となった。大会の１年延期などに伴って支出は膨らむ一方だったが、この決定により９００億円を見込んだチケット収入は激減した。大会経費を管理する組織委の武藤敏郎事務総長は、無観客を決めた後のテレビ番組で次のように述べている。

「チケット収入は激減する。収支が整わないことは間違いない。大会後、重い課題について関係者で協議する必要がある」

実際、チケット収入が失われたことで不足する財源を誰が穴埋めするか、大会後も組織委と東京都、国の間では協議が続いた。また会計検査院は２０２２年12月、組織委が発表した最終報告の大会経費１兆４２３８億円に、国などが負担した施設整備費２８０３億円が含まれていないことを指摘した。

一方、都民や国民に負担が生じる中、オリンピックで使われた経費を徹底的に精査し、ガラス張りにして提示されることはなかった。スポンサーからの拠出金を使って組織委が民間企業に委託した事業は、契約額なども公表されていないままだ。会場運営の委託費は、観客を入れた場合を想定した金額とみられる。

無観客開催となったことで、観客誘導などの人件費は当初の想定よりも減ると考えるのが普通だと思う。しかし、我々が追い続けた競技会場の運営委託費は延期に伴って総額がむしろ増えたとみられ、最終的にどのように支払われたかは闇に包まれている。選定された委託先の大半はテスト大会の入札で受注した企業で、横滑りで本大会も受け請っていた。

国費や都の拠出金が含まれる事業については、国、東京都、組織委で作る「共同実施事業管理委員会」で検証する仕組みがあった。他方、組織委が民間などから調達した７２１０億円については、支出が適正かどうかの検証は組織委に任されている。しかし、都民や国民の負担が僅かでもあるなら、公費以外のお金も含めて支出の詳細を示すべきだった。

また、オリンピックの開幕当初、競技会場で関係者向けの弁当の２〜３割が処分されていたことも明らかになった。弁当の費用は巨額の経費から見たら小さな金額かもしれないが、ここでも組織委のコスト意識に疑問符がついた。建て替えた国立競技場については、土地賃借料年10億８０００万円を含めると年間で48億円の赤字を垂れ流す試算となり、解決策が提示されることなく組織委は２０２２年6月末に解散した。経費の詳細をブラックボックスにしたまま不足分の負担を国民に求める手法も長野オリンピックと同様のやり方だ。

解散した翌々月、東京地検特捜部が受託収賄容疑で組織委の高橋治之元理事や紳士服販売大手のＡＯＫＩホールディングスの元会長らが逮捕される汚職事件が起きた。ＡＯＫＩ側から大会スポンサーの契約などに関して便宜を図るよう依頼を受けた見返りに、５１００万円の賄賂を受け取った疑いが持たれていた。高橋氏は大手広告会社「電通」出身、オリンピック招致を巡っても疑惑が取り沙汰されてきた人物で、招致活動から携わってきた。２０１４年6月に組織委の理事に就任し、東京オリンピックの延期論をいち早く提唱したという。組織委に出向経験がある電通関係者は、高橋氏の影響力について次のように語る。

「スポーツビジネスの世界では知らない人はいないし、後輩たちのみならず、この世界で仕事をする人たちは誰も逆らえないと思う」

　実際にスポンサー確保で中心的な役割を担ったのが電通だった。東京オリンピックより前のオリンピックではスポンサーを「１業種１社」に絞る運用が続いたが、東京オリンピックはこの原則を崩した。スポンサー企業は、東京オリンピック以前はライバル企業を排した独占契約を結ぶことで高額なスポンサー料を支払ってきたが、電通が組織委の「専任代理店」として調整役を担った結果、１業種で複数社がスポンサーになることが可能になったのだ。

　電通は公式ライセンス商品の審査などを担う組織委マーケティング局などにも多数の職員を出向させ、実動部隊も務めた経緯がある。うごめくオリンピックマネーは、スポンサー選定の公平性が問われかねない事態まで発展。広告代理店が描いた利権モデルに染まっていったのが組織委、そして、それを認めざるを得なかったのが東京都・政府ではないだろうか。この事件では、ＡＯＫＩのほか出版大手の「ＫＡＤＯＫＡＷＡ」や広告大手の「大広」などと芋づる式に逮捕者が出た。

　そして、テスト大会事業を巡る入札で談合があったとして、東京地検特捜部と公正取引員会は、２０２２年11月に電通やイベント会社のセレスポなどに対し、独占禁止法違反容疑で捜査に乗り出した。看過できないのは、発注する組織委側も談合に関与していた疑いがあることだ。テスト大会から談合に基づいて発注先が決められ、発注額も言い値で決めたものを、後付けで人件費単価の調整などで体裁を整えて契約したとみられる。

このまま札幌誘致するのか

そして、清算の検証ができないまま、２０３０年冬季オリンピック・パラリンピックの大会誘致に向けた動きが加速しつつある。札幌市はこれまで３１００億～３７００億円と試算していた開催経費を最大９００億円削減し、２８００億～３０００億円とすると発表した（２０２１年11月）。ただ、22年11月に公表した開催概要計画の再修正案では、最大３１７０億円に上振れするとも明かしている。

ＩＯＣ倫理規定には次のような記載がある。

> オリンピック競技大会の開催地は、オリンピック開催地契約の規定に従い、大会の組織運営のため、責任を持って組織委員会（ＯＣＯＧ）を設立しなければならない。

（ＩＯＣ倫理規定２０２０）

この条文が記載されている以上、国や自治体が主導する予算の検証・公表はできず、組織委に一任するしかない。

札幌市は既存施設の活用を経費削減の主な要因としており、大会運営費も削減ができる見通しだという。大会運営費は原則、スポンサー収入などでまかない、札幌市の税金投入はないとしている。しかし、運営費が膨らむ構図は実証済みで、東京大会で不祥事が続出したことから予算の透明化は必須だ。

また、組織委は第１章でも少し触れた「公益法人」として認定されている。そもそもなぜ公益法人を活用する必要があったのかの理由も閉ざされたまま。札幌オリンピックの招致が決まれば再び利用されかねない懸念が出てくる。

「１９６４年の東京オリンピックの時は都と国で公益法人を設立せずに運営していたのに、どうして公益法人にしないといけないのか」

組織委の法人設立を認定したある委員はこう問題意識を持って、設立理由を認定機関に問いただすなどしたが、「納得する理由が得られなかった」という。多数決で決まる決議には結局賛成するしかなく、「認めたくなくても認めないといけないものもあり、それがオリンピックでは組織委だった」と取材で漏らしていた。東京オリンピックは結局一回も見ることなく、組織委が解散した後も設立を認めたことを後悔しているという。

東京オリンピックの開催が1年延期されたため招致活動も事実上停止していたが、今後は招致を巡る議論が本格化することになる。２０３０年の冬季オリンピックを巡っては札幌のほか、アメリカのソルトレークシティー、スペインのバルセロナ周辺が招致を検討している模様だ。

仮に誘致が決定すれば、人件費単価のあり方をはじめ、民間からの拠出金も含めて五輪経費全体の詳細を点検する仕組み作りを考える必要がある。それは追加の支出、つまり国民の負担を減らすことにもつながる。東京オリンピック・パラリンピックにおける財務面での徹底した情報開示を行えなかった反省は継承しなければいけない。予算の透明化なくして、オリンピックがスポーツ利権の巣窟《そうくつ》という疑念は拭えない。

求められる統一ルール

人件費単価を巡っては、政府内でも統一された単価の決め方や基準がない。

オリンピックのようなイベント事業にはじまり、持続化給付金のような補助金事業や、例えばマイナンバーカードの普及業務、キャッシュレス推進事業、建設工事など、事業ごとに特性が異なってくることが理由だ。

かつては政府からの要望を受けて、ある大手広告代理店が単価の統一価格（基準額）を決めて提出した例もある。清算業務時に単価の妥当性が分かりにくいためだ。ただ、基準額は企業側の主張に基づいて作成され、日当に社会保障費などを上乗せして設定した「単価」について官僚の理解を得ることは容易ではなかった。日当の価格と比較すると3倍以上に膨らんでいたためだ。

「東京オリンピックの場合だと、契約書の金額と紐づく内訳書の記載ぶりもかなり杜撰だった。委託契約は実際に契約した金額について、清算時に積算根拠を示すというのが官公庁ではルールになっているんですよね。一方で、官公庁で横断的なルールがないことも課題としてあります。契約時の中身と清算内容がどれだけ乖離《かいり》しているのかは確認のポイントで、人件費単価は一番目を光らせます。一つ言えることは、契約内容が杜撰だと清算もいい加減なものになってしまいます。確認する資料を提出しないことで結果的にうやむやになったまま済んでしまうことも往々にしてあります」

元会計検査院局長で日大の有川博客員教授はこう指摘する。

人件費単価の設定を巡る取り決めが曖昧なため、不正が起きやすく、利益が上乗せされやすい側面がある。肌感覚かつ企業側の言い値で設定されやすい。是正ができない背景には、またしても委託事業者がいないことで事業が執行できない事態を避けたい官僚や運営側の心理がある。事業者側もそんな心理を逆手に取って、官公庁に揺さぶりをかけてくるケースは少なくない。官僚側は事業者から足元を見られている。

「東京オリンピックをきっかけとして、そもそもの前提にある人件費単価のあり方が問われるべきで、適切な執行体制、ルールを作らなければいけないのは明らか。組織委は公益財団法人の名のもとで国民による検証から逃げようとしているようにしか見えなかったし、入り口と出口がチェックできないのであれば、今後も同じような事態が起きかねない。内訳書は形式に過ぎないし、チェックするための書類になっていない可能性が高いことも問題だ。事業者側に自分たちの都合の良いやり方で進めていいんだという認識を植えつけてしまってはいけないし、そんな道理がまかり通る時代ではないはず」

有川客員教授はこう力説する。民間事業者は、本来公共機関が実施すべき事業を請負または委託などを通じて肩代わりして実施する。そのため、公金が関わる以上、民間事業者によって担われている場合においても、国民にとって有益なものであるべきだ。
無法地帯が続く人件費単価こそ、財政の透明化が進まない一因を生み出している。

第3章

バラまかれた
コロナ支援金の行方

——ゼロゼロ融資、病院支援の副作用

猛威を振るって感染が急拡大した新型コロナ。政府は雇用調整助成金の拡充やワクチン接種支援、無利子・無担保融資制度など、前例のない支援を次々と打ち出して大鉈《おおなた》を振るったが、こうした政策の検証は未だ手つかずとなっている。中には政権運営の便利な道具と化した「バラマキ」事業も目に付き、制度を利用する国民も使い勝手の悪さにストレスを抱えていた。レガシー（遺産）として残していくにも、公金がどのように使われたのか知る必要がある。そこで、末端の現場を追いかけてみると、ここにも不正や公金の搾取と捉えられかねない片鱗が見えてきた。

３・１　ゼロゼロ融資のモラルハザード

悪化の一途をたどった経済状況

新型コロナという未曾有《みぞう》の危機に対応するために投じられてきた政府予算。コロナ予算に明確な定義づけはないものの、中小企業の支援を中心に定額給付金や生活・雇用の支援、ワクチン接種などの感染防止対策と、あらゆる政策に血税がつぎ込まれてきた。財源のほとんどは国債、つまりは国の借金だが、事業の全体額は１００兆円規模に上るといわれていて、将来世代に負担を先送りする形となっている。苦肉の策を講じて組んだ予算で、なんとか暮らしを維持することができたという声がある一方で、例えば雇用調整助成金では不正受給が相次ぐなど混乱を招いた部分もある。

初の緊急事態宣言が出された２０２０年４月。影響が甚大ともいわれていた飲食店や中小企業経営者の窮状《きゅうじょう》を知るため、発令前の３月末から密着取材を始めた。政府は持続化給付金や雇用調整助成金の拡充といった支援策を講じてきたが、必要なタイミングで支援が行き届いていなかった。

当時、私は日本銀行（日銀）記者クラブに所属していて、２０２０年４月から中小企業庁などを所管する経済産業省に配置換えとなった。年明け早々、新型コロナによる世界経済の悪化への懸念は収まらなくなり、日経平均株価は一時１万６０００円代まで下落し、時には１日で１０００円以上下落して終値がつく日もあった。為替の動向を巡る記事を出す中で、先行き不透明な状況について今後の展望は誰も持ち合わせていなかった。むしろ、甘く見ていた。

「どうせただの風邪でしょ。インフルエンザと同じって報道してよ。経済への影響も一時的なものに過ぎないんじゃないかな」

２月初旬、あるメガバンク役員の自宅に夜回りした際には、こんな楽観視する言葉を聞いた。リモートワークの推奨といった「新しい日常」が動き出す中、この役員の発言は日に日に厳しさが増していった。そして２月末の早朝、別のメガバンク役員宅での朝駆け取材で「新型肺炎」の影響について聞くと、次のような答えが返ってきた。

「融資がさらに低下しているというのは確かにありますし、それ以上にお客様のサプライチエーン（供給網）の立て直しが急務です。小売りを含めた中小企業の回復が見えにくくなっていますし、資金繰りへの影響が重たくなってくると思っています」

国内初の感染者が確認されてから約1カ月がたち、これまでの発言と比べると1歩どころか2、3歩踏み込んだことが印象に残っている。現場の戸惑いを聞いてみようと思った一つのきっかけだった。

ある居酒屋との出会い

取材では、3月末から東京・日本橋の海鮮居酒屋「快海《かいかい》」に密着した。縁もゆかりもなかったにもかかわらず、記者というより1人の若者に対して、帳簿や通帳を見せながら経営の窮状を丁寧に語ってくれた。

店主の石居弘司さんと出会ったのは3月26日、日本政策金融公庫東京中央支店だった。資金繰りの相談をするために来店していた経営者らに約3時間、声をかけ続けていた中の一人だった。緊急事態宣言が出される前だったが、支店には2、3分に1人が出入りし、ほとんどがコロナ禍に備えた融資の相談だった。昼休憩時に自転車で訪れていた石居さんと道路脇で15分ほど話したに過ぎなかったが、苦笑いを浮かべながら店の資金繰りは悩みの一つに過

コロナ禍に伴う緊急事態宣言の影響により空席が目立つ海鮮居酒屋「快海」。2020年4月14日撮影。写真提供：毎日新聞社

ぎないと諭《さと》された。私の目が泳いでいたのか、「そんなことも知らないのかよ」と言われかねない雰囲気だったが、店の売り上げが1日いくらで、人件費などの固定費の内訳も教えてくれた。初対面とは思えなかった。

そんな優しさに甘える部分もあり、4月からは石居さんの店をほぼ毎日訪れるようになった。特に緊急事態宣言の発出前にはキャンセルが相次ぎ、宣言後の4月7日から夜の利用客はゼロの日が続いた。50席近くある店内に社員5人が呆然と厨房で立っているだけで、何枚も並べられたまな板は乾き切っていた。壁にかけられた大型テレビからはニュース番組で感染状況を伝えるキャスターの声が響くも、誰もその話題には触れない。入居するビルの裏手にある首都高速道路を通り過ぎる車の音が断続的に聞こえてきた。頼みの綱のランチも不振で先が読めない。日本橋は東京証券取引所や野村證券本店があることなどから金融街として知られ、平時であれば関係社員らでごった返すが、テレワークへの切り替えなどで人通りはほとんどなかった。

周辺では一時休業を決めた飲食店が増えていた。石居さんは店の隅でバンダナ代わりのタオルを頭に巻き、伝票や預金通帳をめくり続けている。従業員の不安げな視線を察したのか、石居さんは、「全然気にしなくていいから。コロナになんか負けないよ。みんながいないと借金が返せないから」と、笑顔で声をかけていたが、それで社員の表情が晴れるわけではない。厨房に立つのもままならず、電卓をたたく石居さんの姿を見ていると悲壮感が伝わってきた。石居さん自身も本音は資金繰りが不安なうえ、社員の家族の生活を支えられるのかと考え込み、眠れない日が続いていた。酒を飲まないことには寝つけず、私のスマホに電話が掛かってくることもあった。

公助の役割を果たしたゼロゼロ融資

3月中旬から始まった政府の無利子・無担保融資を活用し、1000万円の融資を申請した。この通称「ゼロゼロ融資」は東日本大震災で適用された例があるものの、極めて異例だ。石居さんは、申請中にさらに経営が悪化し、希望額を２０００万円に増額した。

あらゆる支援メニューの申請を一人で石居さんはこなしていた。４人がけのテーブルは申請書類やその説明資料で埋もれていた。中でも手を焼いていたのが政府の「雇用調整助成金」の申請だった。申請に必要な書類を用意するというより、ほぼ一から作らなければいけなかった。雇用調整助成金は新型コロナの感染拡大で従業員を休業させた場合、従業員に支払う休業手当の補助が受けられる制度だ。売上台帳を整理するため、慣れないパソコン作業を続ける。パソコンを中心に散らばった書類に目をやるため、視線が右に左にとさまよう。

給料を現金で手渡ししていることもあり、メモのような帳簿の体裁を整えるところから申請書類の作成が始まった。アルバイトやパート従業員の申請も特例で認められていたが、当時は申請書類の書式が判然とせずにこれも手探りだった。必要な書類がそろったのかどうかも分からず、知り合いの社会保険労務士に電話で尋ねながら進めていた。

石居さんが鮮魚卸会社を脱サラし、東京・小伝馬町にカウンター15席の居酒屋を開いたのは30歳の時だ。料理の腕に自信があるわけでもなく、会社員時代に身につけた魚の目利き力だけが頼りだった。仕事帰りの人が気軽に立ち寄れる「町のたまり場にしたい」と安さにこだわり、開店3カ月で店は連日、客で埋まるようになった。

「稼ぎたい。店を大きくしたい」。そんな一心でがむしゃらに働いてきた。毎朝6時半に起床し、自転車で豊洲市場に行くのが日課。自分で選んだマグロなどを仕入れ、ほとんどのメニューを1000円以下に抑えているのが自慢だ。激戦区の銀座エリアにも店を構え、2020年4月1日には秋葉原に3店舗目をオープンさせた。そこに襲った新型コロナの感染拡大。東京都の外出自粛要請などで予約のキャンセルが相次ぎ、夜の来客がゼロになった。開業18年で初めての経験だった。

4月中旬、ランチタイムの営業を終えた店内で石居さんが郵便物の整理を始めると、大きな茶色い封筒が目に入った。差出人は「日本政策金融公庫」。心待ちにしていた郵便だった。

「届いた、届いた」

石居さんが封筒を見せると、後片づけをする従業員の手が止まった。

「誰か開けたい人」

石居さんの呼びかけに若い男性従業員が「オレが開けたい」と手を挙げ、笑いながらはさみで封を切った。中には申し込んでいた融資の実行を知らせる書類が入っていた。融資なので給付金とは違って借金だ。新たな借金が増えるにもかかわらず、笑顔が広がるのは不思議な光景だった。

　事前に公庫から1650万円を融資すると電話で知らせを受けていたが、送られてきた借用書に記入して提出しないとお金が振り込まれなかった。郵送で送り返すことになっているが、「一日でも早く資金が欲しい」と石居さんは約1時間で記入を終え、自転車で公庫の支店に届けに行った。一日一日が綱渡りだった。

　希望額に満たなかったので、約3カ月間の運転資金を確保するのがやっとだった。借用書を届けてから入金されるまで1カ月半かかった。事前に入金日の知らせはなかった。石居さんに限らず、申請から支給までの根詰まりは至るところで起きていた。申請までの準備期間を含めるとスムーズに進んだとはいい難いが、それでもいざ支給されると「公助」が果たした役割は大きかった。人件費に加え、3店舗で毎月計百数十万円の家賃の支払いもあり、ようやく払うことができた。

　約2カ月間ほぼ毎日通い、決まってぶりの照り焼き定食を注文した。社員にも話を聞くと、日中は自宅にいる時間が増えて、かえって家族からの不安な視線が気になってしょうがないと口をそろえた。行き場がなかった。

　のちに再び感染が拡大することになるが、2020年夏場には「第1波」が落ち着いたため、一時的に緊急事態宣言が解除され、常連客を中心に席が埋まった客席をようやく見ることができた。感染防止対策として、席の間隔を等間隔に空けていたため、満席とはいえなかった。それでも、石居さんが厨房に立つ姿を見たのもその時が初めてだった。その日はたまたま石居さんの誕生日で、常連の男性に「おめでとう」と声をかけられ、表情もほころんでいた。

政府の資金繰り支援を始め、各種給付金が届くまで耐え忍んだ日々のことを思ったのかもしれない。少し目が潤んでいるようにも映った。普段より表情が赤らみながら、客の横に座って何気ない世間話に耳を傾けていた。

パンク状態の政府系金融機関

緊急事態宣言が初めて出された２０２０年４月７日以降、飲食店を中心に事業者の経営を取り巻く環境は一層厳しくなった。９日には再び同じ公庫の支店前で来店客に声をかけ続けた。３月末とは状況が一変し、店内は電話のコール音が鳴りやまず、対応に追われる職員にも重苦しい雰囲気が漂っていた。

険しい表情で足早に立ち去る経営者に声をかけ続けることにためらいもあった。経営の窮状を救えるわけではない。話をしたところで、台所事情が明るみに出るリスクもある。それでも、飲食店やしんきゅう院、着物卸販売会社などの経営者らが立ち止まってくれた。3～4月の売り上げは軒並み平年比の半分から9割減に急落。通帳を見せてくれながら語ってくれる人もいた。東京都港区でアパレル会社を経営する30代女性は、「取引するあるメガバンクから『まずは公庫に相談してください』と言われて来た」とつぶやき、取引銀行から融資の確約を得られなくなって困惑していた。4月末になると、支店の開店前には長蛇の列ができ、公庫への融資の相談件数は宣言前から倍増。連日、1万件を超え、面談予約を取ろうとした居酒屋店主は「そもそも審査が1カ月半先になると言われた」と嘆いていた。

重い決断を下した経営者にも出会った。創業から152年続く東京・歌舞伎座の向かいにある老舗弁当店「木挽町《こびきちょう》辨松《べんまつ》」は4月20日に廃業。5代目店主の猪飼信夫さんが歌舞伎役者との思い出を、涙を浮かべながら振り返っていた。東京都調布市にあるフランス料理店を廃業する店主にも取材したが、再就職先が決まっている従業員は取材時、一部だけだった。

経営者の多くは「政府の融資制度を活用しても1カ月半先の運転資金の確保が精いっぱいだ」とこぼした。肌感覚に過ぎないが、経産省などの中央官庁もその危機感は持っていた。

事業拠点を複数構える経営者には、雇用の維持や家賃代など月当たり数百万～数千万円の固定費が重くのしかかっていた。政府は４月下旬に雇用調整助成金の対象を拡大。５月１日からは「持続化給付金」も始めた。同時に、自民党内で家賃支援給付金の議論も始まった。

しかし、政府内の議論を取材していると、部会などで支持者の要望を伝えるだけにとどまる政治家の姿が目立った。予算の規模感を巡っては官邸、官僚、与党の思惑がそれぞれ異なっていた。当たり前の光景なのかもしれないが、スムーズな支給を進めるために必要な制度設計は官僚に丸投げでいいのか。見慣れていないからか、そんな疑問を持った。野党も国会で批判するのは構わないが、現実的な代替案を示さず、ただ揚げ足をとる議員が多くいた。

その頃、公庫の現場では相変わらず電話が鳴りっぱなしだった。６月に入り、無利子・無担保融資はすでに上限枠に達しかけていて、雇調金など申請したお金が依然としてスムーズに手元に届いていなかった。

「解雇はしない」。そんな経営者の決意をよそに中小の零細企業は我慢を強いられた。

「こちらから言いにくいので、自分から辞めますと言ってくれるのを期待していて。そう言ってくれるとどれだけ楽か」

従業員の前では気丈に振る舞いながらも、思わずこう本音を漏らす経営者もいた。

支援策を待ち切れずに従業員の解雇に踏み切る企業もあった。婚活イベント会社を経営する男性社長は、「テナントを出るにも退去費用に５００万円ほどかかってしまう。閉めなければ必要な雇用は維持できない」と頭を抱えていた。

緊急事態宣言を受け、婚活パーティーが開催できず、売り上げはほぼゼロになったという。つなぎ資金を確保しようと、政府の無利子・無担保融資を使って日本政策金融公庫から１０００万円、メインバンクのメガバンクからも１億円弱を借り入れた。

問題は売り上げがないのに人件費や家賃などの固定費だけを支出する「赤字垂れ流し」の状態がいつまで続くか。パートを含む約１００人の社員の給与と10店舗の家賃で、新型コロナ前は月約２０００万円の固定費がかかっていた。２店舗の閉鎖や家賃の減額交渉で圧縮したが、それでも月に約１０００万円が消えていく。コロナ禍からの回復を見据えつつ、業態転換も図っていかなければならなかった。緊急事態宣言の解除後に企画したイベントの参加希望者は平時の１割にとどまり、採算がとれないため中止にした。

こうした実情について、経産省は商工会議所などを通して要望を集めるほか、担当者がTwitter などのＳＮＳを通じて情報を収集していた。数人しかいない担当者が情報収集と制度設計を同時にこなしていた。

そのため、担当者に取材しようと思ってもなかなか捕まらず、庁舎の廊下で待ち続けることもあった。深夜2時頃にようやく部屋から出てきて、帰路に着くかと思って声をかけると別の会議が始まるという。それほど激務の日々が続いていた。

他の部署から職員を投入して支援スキーム作り、課題の洗い出しを急いでも、結果的に対応は後手に回ってしまっていた。その後、働き方や精神的な負担のしわ寄せが直接的な原因かどうかは分からないが、担当者は相次いで退職。有事を知る担当者が去り、別の担当者に業務が引き継がれた。明確なレガシー（遺産）は見いだせていない。

56兆円の副作用

無利子・無担保の「ゼロゼロ融資」を中核とするコロナ対応融資の総額は56兆円を超えた。東京商工リサーチ（ＴＳＲ）によると、２０２１年の企業倒産（負債額１０００万円以上）は６０３０件。好景気に沸いたバブル期の１９９０年（６４６８件）をも下回り、高度経済成長期の64年（４２１２件）に次ぐ異例の低水準となった。

この背景には、異例の政策の効果が必要以上に及んでしまっている可能性がある。さらに、さまざまな「副作用」も出始めている。制度開始からすでに2年以上が経過し、入れ替わるように融資を受けた中小企業の元本返済が始まっていて、企業倒産が今後、急増しかねない状況となっている。

ゼロゼロ融資は、利子を各都道府県が、返済不能となった場合の焦げつきリスクを信用保証協会が受け持つ制度だ。お金を借りる企業の利子・担保負担を「ゼロ」にする制度で、仮に事業者が返済不能になったとしても、政府や都道府県、信用保証協会が代わりに受け持つことになる。

ゼロゼロ融資が始まった当初は政府系金融機関でのみ取り扱う計画だった。しかし、中小企業からの申請が殺到したため、政府は2020年5月から民間金融機関にも窓口を拡大した。日銀による大規模な金融緩和で収益悪化に苦しんでいた地域金融機関にとっては、ゼロゼロ融資は「カネのなる木」になった。ある金融庁幹部は、こう批判する。

「体力のない金融機関側では債務を持つ顧客を抱えるのは嫌だから、リスクの高い顧客にいわゆる借金をチャラにする『徳政令』の適用を考えてくれないかって政治家にすり寄っている。はっきり言って、地銀ではそんな甘い考え方が先行して、コロナを口実に地域の事業者支援をサボタージュした側面がある」

金融機関から見ると、融資先の返済が焦げついても信用保証協会が肩代わりしてくれ、利子は都道府県が支払ってくれる側面があり、リスクを負うことなく、貸せば貸すほどもうか

◆ゼロゼロ融資の仕組み

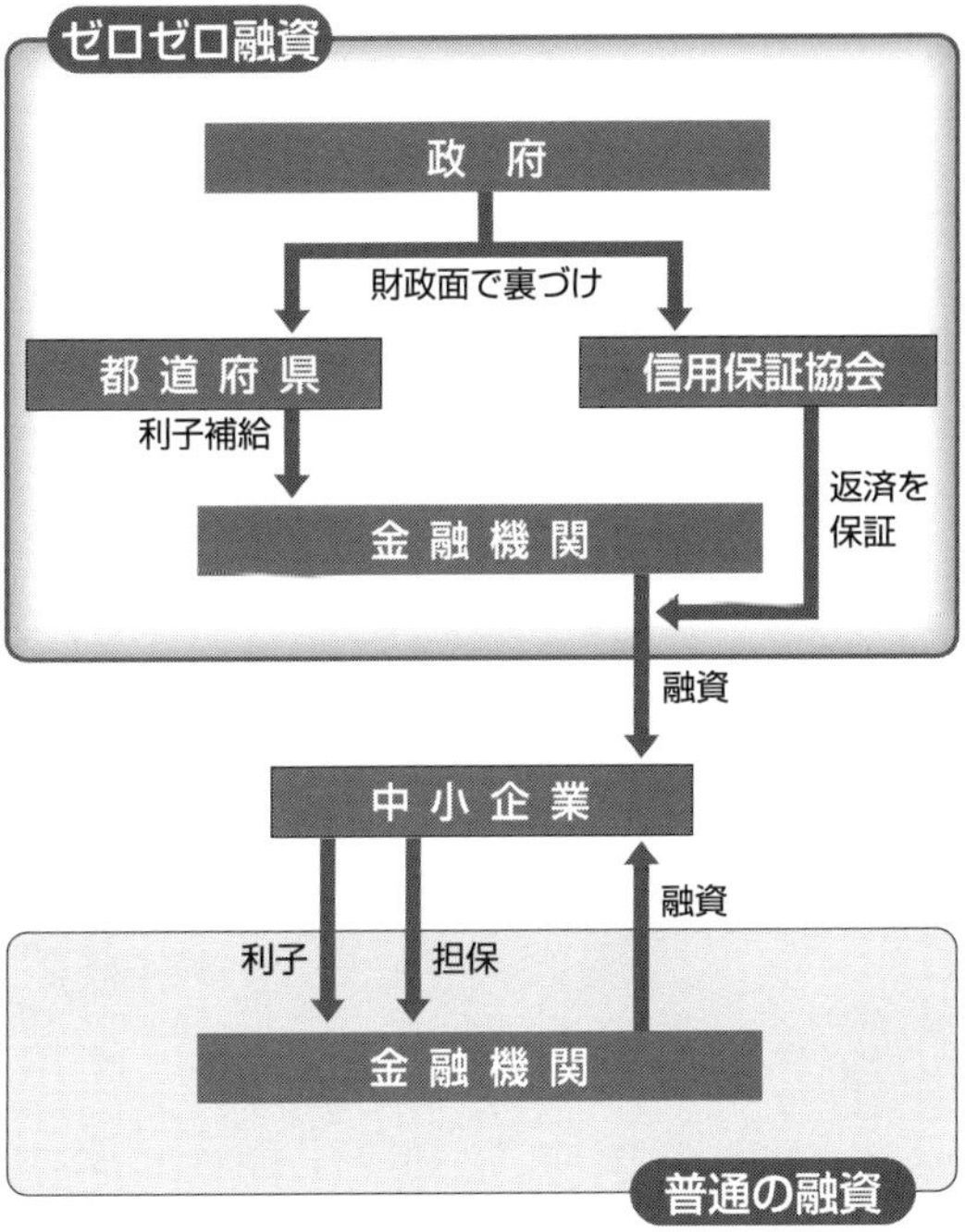

※筆者作成。

る構図となっている。

　さらに疑問視する使途もある。政府融資の使途は運転資金と、新型コロナ対策のための設備投資に限定されているが、神戸市内の50代の中小企業経営者は、株式投資など「マネーゲーム」の原資にしていると明かす。

「無利子・無担保って聞いたんで、とりあえずすぐ借り入れだけはしました。はっきり言って、お金はいらんのやけど、万が一に備えてね。銀行に置いとっても金利がつかないっていうのが事実ですよね。日銀も金利は上げへんでしょ。やから、証券会社で債券買って、外貨建てにつこうてますわ。元々の融資含めて７０００万円くらいやっけな」

　男性社長はこう言って豪快に笑い飛ばした。この社長に限らず、似たような話は複数の経営者から聞いた。大阪府で精密機器の代理店・卸業を営む男性社長もあっけからんと次のように話す。

「ほんまに経営が危ないところは運転資金に回していると思うよ。タダやからとりあえず借りとこって人がおるのは政府も分かっとるんちゃうか。なんで、僕は株と国債買いましたわ。確実に損をしない堅いところにと思って。日銀も国債の買い入れどんどん増やしよるし、買い支えしとるうちに買っとこおもてね。その間にちょっとでももうかりそうな銘柄やら投資があったらちょっとやろかって。そんなもんよ」

　こうした行為は企業が負担すべき利子の返済を事実上、国民に押しつける違反行為だ。原資が税金であるという認識はなさそうだった。

　政府もこうした実状を把握している模様だが、半ば放置されているのが実態だ。ある中小企業庁幹部は、「ゼロゼロ融資の目的は危機対応。苦しんでいる事業者に一刻も早くカネを配るには、多少のことは目をつぶるしかなかった」と話した。

　新型コロナ融資が企業・金融機関双方のモラルハザードを助長したとの批判も多い。２０２２年には、名古屋銀行や中日信用金庫がゼロゼロ融資を巡り、職員による不正があったと発表した。一例としては、職員が企業の売り上げを実際よりも少なく書き換えたうえで、信用保証協会に融資保証を申請し、本来よりも低い保証料で取り決めを交わす不正な融資を実行していた。そして、金融機関が通常よりも多額の資金を中小企業に融資することで、自治体が肩代わりする利子収入を多く得ようとした。

　こうした不正事案についてある金融庁幹部は次のように語る。

「氷山の一角。政府保証があることをいいことに貸した後は知らんぷりをしている地域金融機関の相談を個別に受けることもある。かなり悪質な例だと、銀行側がゼロゼロ融資の利用を促して、投資信託と併せて提案しているという情けない話もあった」

この幹部の見方に過ぎないが、水面下ではゼロゼロ融資の貸し出し残高が増えたことで財務状況が改善したかに見せ、金融機関同士で合併、提携の話を進めやすくする狙いもあるという。

中小企業支援に詳しい神戸大学経済経営研究所の家森信善教授は、「中小企業の経営力強化につながる制度とは、どういうものなのか、ゼロゼロ融資で露呈した教訓を生かして最善策を探る必要がある」との見方を示している。

バラマキは一種の麻薬

「ゼロゼロ融資で企業を支えている間に、デジタル化などポストコロナに向けた構造改革を進めていく」

政府はそんな青写真を描いていた。

しかし、中小零細企業にそんな体力は残っておらず、一日一日をどう凌《しの》ぐかで必死な企業は目の前のことで精いっぱいだった。政府の思惑とは裏腹に、コロナ禍前の産業構造はほとんど変わっていない。

また、コロナ禍に加え、２０２２年2月以降はウクライナ侵攻に伴う物価高が製造業をはじめとする事業者の経営を締めつけている。上場企業はコロナ禍からの回復が進み、過去最高益を出すなど円安の恩恵を受けていたが、下請けや中小企業はあまり享受していない。給付金などのメニューは出し尽くしてしまい、もはや弾切れ状態だった。

大手自動車会社の１次下請けの金型メーカー「中山鉄工所」（岡山県倉敷市）の中山光治社長は２０２０年の受注が前年比４～6割に落ち込み、新車開発も１年半延期になったことで収入の柱を見いだせずにいた。コロナ禍で国内外の自動車生産に急ブレーキがかかり、金型の受注件数も急減したためだ。これまで、自動車産業への依存度を低めようと医療機器、航空機メーカーにも販路を拡大しようと開拓してきたが、コロナ禍ではどの業界も逆風にさらされている。

「医療機器はコロナ対応が優先で、人工関節の開発計画を延期した。航空機の部品製造の仕事ももらっていたが、大手メーカーの減産で受注がなくなった」

円安で中国市場から撤退した中小メーカーからの新規注文があるものの、「格安生産」との比較が前提となる。価格面で折り合うことができず、「顧客の希望額が2倍ほど開くケースもある。『この価格ならすぐにお願いする』と言われるが、簡単ではない」と嘆いていた。

そこに、ロシアによるウクライナ侵攻が追い打ちをかけた。

「資源価格の高騰で材料費が大きく上がっているのが本当に痛い。(仕入れ値は)20%ぐらいの値上げは当たり前。ステンレスや銅は通常の1・5〜1・7倍になっている」

ニッケルなどロシアが多く供給している部材も扱うため、まさにウクライナ危機が経営を直撃している。価格転嫁は難しく、上海のロックダウン(都市封鎖)により取引先の工場が稼働しないこともあって、出荷ができないような状況にも見舞われていた。

コロナ禍から2年以上が経過する中、政府支援は打つ手がなくなり、地方に大規模な「バラマキ」の予算をつけて自治体の裁量で配分してもらう手法が多用されるようになった。兆円単位の予算が積算根拠もなく積み上がり、財政規律はまたしても緩む。ある経済官庁幹部は次のように指摘する。

「補助金や給付金、交付金は企業を受け身にさせ、常識的な経営者でさえ補助金をもらうことが目的となり、その間は自分が何をするべきかという考えを奪われてしまう。コロナ禍の政策はある種の麻薬になってしまっている」

中山社長も、補助金や給付金ありきの政府の支援スキームに思うところがあるようだった。

「雇用調整助成金や事業再構築補助金といった支援制度のおかげで金銭的なバックアップが

あるのはありがたいです。でも、社員のスキルが上がっていくわけではないのが悩みどころでね。安くても仕事をすれば、加工の腕も上がるし。例えばコロナをきっかけに社外留学とかさせられないかとかも考えたけど、それも申請してみないと分からなくて結局できなかった。社員をただ休ませるよりかは、勉強させたかったんだけど、何を勉強させたらいいのかとかも悩むしね。職人仕事はやっぱり社員が力だからね」

有事が長期化する中で補助金や給付金といった額ありきの「バラマキ」による支給だけではなく、業態転換も促す狙いがあったとすれば、社員のスキルアップや社外留学も支援の対象とするような柔軟性を制度に設けてもよかったのではないだろうか。環境の変化に事業者支援の柔軟性が追いついていなかった。新型コロナの拡大に伴って、無尽蔵に広げてきた支援から絞り込みや実際の運用する中で生まれてきた課題をもとに変えていくことが必要だった。

永田町ではそうした問題提起は少なく、相変わらず「規模」ありきの議論が中心だった。議論と呼んでいいのかも分からなかった。政局至上主義に陥り、将来的な国のビジョンが描けなくなっている気がした。国民の意識と政治の方向性は乖離していた。

新型コロナ対策がスキー場のライトアップ？

財政に余裕があるわけではない。日本の財政は先進国の中でも最低の水準で、危機的な状況を迎えている。

国債と借入金、政府短期証券の残高を合計したいわゆる「国の借金」は２０２０年に初めて１２００兆円を突破。日本の人口（1億2333万人、同年8月1日時点）をもとに計算すると、国民１人当たりの借金は約９８３万円に上る。財政難に新型コロナが追い打ちを掛け、２０２０年度の補正を含めた歳出は過去最大の１７５兆円に膨張した。景気悪化による税収の落ち込みを穴埋めするため過去最大の１１２兆円の国債を発行するなど、財政は悪化するばかりだ。

だからこそ支援策を精査して、必要なところに必要な予算を配分していく必要がある。タイミングを見計らって、コロナ支援を絞り込んでいくことも欠かせない。そのために支援策の効果を検証していくことも重要だろう。

そこで取り上げたいのが、政府が新型コロナ対策の名目で全国の自治体に配る「地方創生臨時交付金」だ。新型コロナ「関連」であれば自治体の裁量で自由に使える交付金で、ウクライナ侵攻を受けて物価高対策も対象に加えられた。人口が１万人に満たず、感染者もほとんどいない自治体でも、交付額は財政規模の1割以上にも上る。ただ、その配り方や使われ方を見ると、本当に必要な規模だったのか疑わしい。

「ちょっと（どうか）と思うような使い方が散見された」

財務省の財政制度等審議会の記者会見でこう指摘したのは、岩手県知事や総務相などを歴任した増田寛也氏（日本郵政社長）だった。この臨時交付金は２０２０年度、21年度の補正予算などと国会審議を必要としない予備費から断続的に計上され、すでに16兆円超を計上していた。ウクライナ侵攻によって物価高騰対策として計上された予算にも「コロナ禍における原油価格・物価高騰対応分」として８０００億円が交付された。

ただ、手つかずの予算は８０００億円残っているにもかかわらず、同額を新たに計上した。経済対策の規模を大きく見せる手法として残された道だった。自民党の高市早苗政調会長（当時）はじめ、政権与党の意向でもある。ある財務省幹部は「積算根拠はない」と苦笑いを浮かべるしかなかった。財政当局の権威は失墜していた。

実際に疑問符がつく使途は枚挙にいとまがない。

例えば、佐賀県ではオンライン中継のパソコン画面などでも試合のスコアが見やすいように県内のスポーツ施設に大型の電光掲示板を設置する事業費に約５８００万円を支出した。

さらに、新型コロナ感染者への差別をなくすため、県庁に「佐賀誓いの鐘」を設置する事業にも約７８０万円が投じられた。県が県出身者も入所していた国立ハンセン病療養所「菊池《きくち》恵楓園《けいふうえん》」（熊本県合志市）に寄贈したものと同型の鐘を複製する計画で、県は、「新型コロナへの誹謗中傷などが問題となる中、同じ鐘の設置で偏見や差別と断絶する意識の醸成を図るためだ」と説明している。

新型コロナとは直接結びつきにくい使途事例は他の自治体にもある。スキー場を青色にライトアップする事業に約１８０万円（北海道・遠軽町）、スピーカー付きの軽乗用車の購入費に約１３０万円（岡山県・美咲町）、ＡＲ（拡張現実）を活用した恐竜アプリの制作に約１７００万円（群馬県・神流町）。政策目的や効果に疑問符がつくものを挙げればきりがない。交付金の使途が適切ではないとして、批判が続出したため、別の財源を充てるよう変更した自治体もあった。

政府は臨時交付金の使い道として、ひとり親家庭や生活困窮者への給付金支給、燃油高に苦しむ農林漁業者への経営支援などを示していたが、自治体の裁量で支出する交付金の性格上、使途を縛っていない。

効果を検証できない体制

一体なぜこうした使われ方が広がったのか。

内閣府の村上敬亮・地方創生推進室次長（当時）は制度開始に向けての記者会見で、「使い道は自由なんです」「まったく制限はありません」と強調していた。政治的な事情があったとはいえ、貴重な税収の重みはまったく感じられなかった。結局、自治体担当者の「性善説」に頼らざるを得なかった。

この交付金制度は持続化給付金と比べても予算規模がはるかに大きく、「バラマキ」の規模も桁違いだった。中には、新型コロナ以前から続いてきた事業を名称や事業内容を変更せずにそのままコロナ予算に組み込んで計上し直しているものもあった。自由度が高い制度設計な分、前述の通り内閣官房はホームページで交付金の活用事例集を掲載し、留意点として「感染症への対応と関連しないインフラ整備などには充当しないこと」などと注意喚起を呼びかけたが、効果は乏しい。こうした新型コロナとの関連が疑わしい事業への支出の規模は分からない。

「一応、我々でチェックしますとは言っていますけど、そんなのは全部できないので、計画書に目的外使用に当たらないという項目に、同意することを示す○がついているかどうかは見ようと思っています。計画書に〇欄を設けたことで意識を持ってもらいたいなという願いも込めてなんですけどね」

内閣府幹部はこう話す。つまり、不適切な事業が把握できないうえ、チェックはほぼ骨抜き状態となっていた。自治体から提出された事業計画では、消毒液の購入といった感染防止策や時短営業に協力した飲食店への協力金として使用するなど国が実施できないきめ細かい対策を実施してきた側面もあるが、予算の「使い切り」に躍起になっている自治体もある。こうした問題が起きる理由として、支出先の決定過程で住民の関与はほとんどなかったと見られ、ニーズに基づいた事業が一体どれだけだったのか疑問が残る。

表面的な調査はあることはあった。約3400事業を抽出した内閣府の調査では「議会における説明・合意形成」を経て決まった事業が約6割にとどまった。しかし、首長の専決処分で決定した事業も一定割合あり、内容が精査されたとはいい難い。

また、この臨時交付金は多くの自治体で、新型コロナに感染した患者を受け入れるために病床を確保した病院に配られた。本来の趣旨通りに配られたと思いきや、ある自治体担当者と、この地域の病院で経理担当を務める男性は疑問視する。両者の証言では地域の病院・クリニックの経営者らが何度も「金くれないと（ワクチン接種の）予約枠を開放しないぞ」など迫ったという。そのため、臨時交付金で約５０００万円の予算を確保し、「新型コロナ協力費」としてワクチン接種に参加する病院に30万〜50万円ずつ配った。

しかし、この地域の病院で経理担当を務めるある男性は、次のように打ち明ける。

「（臨時交付金は）アマゾンで１万５０００円の検温器を購入するなど細かい備品を購入したのみで、病院の利益として吸収した」

臨時交付金は通常の補助金のように実績払いで支給する方法をとらず、とにかく配った。交付した後に明細や使途を追わなかったため、何に使われたのか自治体担当者さえ分からないのが本音だった。

問題事例が続出したにもかかわらず、政府による使途のチェックは後退している。内閣府が各自治体向けに事務連絡として送った公文書では、「実施状況の公表及び効果の検証について」という題名で、２０２１年12月時点は、「事業終了後に、臨時交付金を活用して実施した事業の実施状況及びその効果について公表するようお願いします」と表記していた。だが、22年４月には「未公表の地方公共団体におかれては速やかに公表に向けて検討をお願いします」と書きぶりが後退した。

「検討」という言葉が新たに加えられたに過ぎないが、霞が関の慣例では理由もなく表現は変えない。自治体の本音も考慮すると、国も検証が不可能だと感じ取っていたのかもしれない。

ある財務省幹部にこの疑問をぶつけると、５秒ほどの間の後、こう分析した。

「地方と国が対等であるという関係性に配慮したと思う。交付金の使途は追わないと言ってしまっている建前、強く迫れないのでは」

こうした表記に変更した理由について、内閣府の担当者は、「（後ろ向きと捉えられても）仕方がない側面があるかもしれません」とつぶやき、検証に消極的なスタンスがにじみ出ていた。

岸田首相は２０２２年７月に投開票があった参院選の争点として、物価高騰対策を掲げた。その対策として、臨時交付金をさらに増額する方針を明らかにした。新型コロナに物価高という名目も加わり、際限なくつぎ込まれる臨時交付金。せめて、フェーズに合わせて制度の内容や規模を見直していくべきだが、地方を「敵」に回すことへの懸念から見過ごされている。

３・２　コロナ禍を機に国公立病院が黒字化する理由

廃棄ワクチンはどれほどだったのか

個人・事業者向け問わず、コロナ禍の支援策は他にも不透明なものがある。

例えば、新型コロナの感染拡大に伴うワクチン接種にかかる費用の詳細はベールに包まれたままだ。重症化予防などで効果があったのは確かだが、海外メーカーとの交渉に苦心し、調達費は計２兆４０００億円に膨れ上がった。政府はワクチン１回当たりの単価は公表していない。

ワクチン確保を巡っては、職域接種の申し込みが殺到したことで、米モデルナ製のワクチンは供給上限を超え、政府は早々に新規の受け付けを休止した。モデルナ製ワクチンは２０２０年９月末までに５０００万回分が供給されることになっていたが、この時点では１３００万回分ほどしか確保できていなかった。さらに、自治体の集団接種などで使われている米ファイザー製のワクチンについても、供給量が7月から急減。接種の加速化を進めてきた多くの自治体で、接種の予約停止を迫られた。

ある自治体で、ワクチン接種体制の整備担当を務めていた職員が、当時の内情を吐露してくれた。仕事終わりにマクドナルドで落ち合うと、内部資料を片手に窮状を振り返ってくれた。

4回目、5回目の接種率は4～5割で推移していて、期限切れを迎えて廃棄されたワクチンも多い。ワクチン接種などの費用は全額が国の補助で地方自治体や個人の負担はゼロだ。政府内からは「地域の役割や特徴を踏まえたうえで国負担だけで良いのか検証していく必要がある」と指摘する声もあった。この自治体職員の問題意識も似ているものだった。

「打ちたくない人たちが打ちたい人のための税金を負担するのってどうかなって思います」

こんな思いから、この職員は供給過多で廃棄されたワクチンとその公金の総額を分析し始めたという。米政府がファイザーと独ビオンテックが共同開発する新型コロナワクチンについて、1億回分のワクチン接種を約20億ドルで契約締結し、1人当たり約４１００円で契約していることを参考にした。日本では接種数と供給量が公表されているため、差し引けばおおよその未使用のワクチン量が算出できるとみられる。あくまでも単純計算に過ぎず、未使用＝期限切れのワクチンと仮定した場合だが、約５７４０億円分のワクチン（約１億４０００回分）が廃棄されたり、関係強化を名目に新興国に無料で配られたりしたのではないかと指摘する。実情に詳しい政府関係者に聞いてみると、明言は避けたが否定もしなかった。

もちろん、必要な施策だったことは間違いないし、一定程度の無駄が出てしまうのは仕方がなかったと思う。しかし、ここで大阪府の重症化率と致死率の推移を見てほしい。

第５波（デルタ株　２０２１年６～12月）
60歳未満　↓　重症化率：０・７％　致死率：０・０７％
60歳以上　↓　重症化率：４・７２％　致死率：３・７１％

第７波（ＢＡ４・５　２０２２年６～８月）
60歳未満　↓　重症化率：０・０１％　致死率：０・００４％
60歳以上　↓　重症化率：０・１４％　致死率：０・４７５％

第５波ではそれなりに高い水準だったが、第７波になると両方の数値は減少し、季節性インフルエンザと同等のデータも出ている。フェーズに合わせて負担のあり方や供給体制の見直しを進めていくべきという声が高まっている中で、拡大時と同じように国費が投入され続けていることは問題提起されてもおかしくないはずだ。

前述の自治体担当者はこう振り返る。

「1、2回目の接種って数字にすると国から支給された90%がファイザー製で、モデルナ製が10%弱。アストラゼネカ製が1%にも満たない程度だったんです。結局、ほとんどの人が1、2回目を接種した後にモデルナ製が普及したものだから、モデルナ、アストラゼネカ製がかなり余ってしまいました」

さらに、自治体側にも3回目以降の接種について積極的に案内しない理由があるという。

「3回目のワクチンとして支給される比率でいうとファイザー製が55%、モデルナ製が45%。1、2回目にファイザー製を接種した人に3回目でモデルナ製を打ってくださいとは自信を持って言えない。だって、自分が打つなら副反応や将来への影響もあるし、接種メーカーを変えたくないじゃないですか。当然ですよね。国が確保して余った分を自治体に強引に送りつけてきてこれで接種進めろと言われても、できないですよ」

こうした事情もあって一部で廃棄が出たり、接種体制が整わなかったりしたとみられる。

ワクチン確保・供給に関わったある政府関係者は、次のように振り返った。

「自治体から期限切れになるワクチンが出ていて、扱いをどうすればいいのかと問い合わせを受けるのですが、国としては一定程度、廃棄が出ることも見越して必要な分を確保したんです。だから、できるだけ無駄をなくしてくださいとしか言いようがないのが正直なところです。政治的判断とはいえ、確かに購入しすぎている部分はあるので検証はしていく必要があると思います」

報酬をあげないとやらない

「病院の決算は新型コロナ前と様変わりしている」

一方で、ある財務官僚がこう指摘するのは、新型コロナ対策で医療機関や医療従事者に対して支出した巨額の補助金のことだ。地方自治体などが運営する８５３の公立病院の合計の収益は、９８０億円（２０１９年度）の赤字から1年で１２５１億円の黒字となった。なぜ軒並み黒字化できたのだろうか。

　財政制度等審議会（財務相の諮問機関）の分科会では、国立病院機構傘下の１４０病院、地域医療機能推進機構の57病院を含む全国８５３の国公立病院の決算の分析結果が示された。

コロナ禍に伴って政府から医療機関や医療従事者への支援額は、少なくとも8兆円程度に上る。公立病院の現預金などの資産は、2020年度に2兆1130億円（前年度比2732億円増）と大幅増となった。

新型コロナ患者を診るには、通常より看護師を多く配置する必要がある。一般病棟から看護師を集めるため、一般病床の一部を閉鎖する場合が多く、得られるはずだった収益を埋める形で、政府は空床補償の制度を設けてきた。「即応病床（要請に応じてすぐに新型コロナ患者を受け入れ可能な病床）」には国から補助金が支払われている。

新型コロナ患者の治療には、医療従事者の確保などで病院経営的に負担が重い。そこで、重症用ベッド1床につき最大1950万円、重症以外でも最大900万円、さらに緊急時に備えてベッドを空けておく「空床確保料」まで支払われる。現実には存在しないものを「ある」と虚偽の申告をして国からカネをせしめる、「幽霊スキーム」は古くから知られる病院経営者の伝統的な不正テクニックだが、こうした悪質なテクニックを駆使して、赤字続きだった公立病院の経常損益が黒字化に転換できた可能性が指摘されている。

実際に、前述の病院の経理担当者に政府のコロナ支援がどれほど経営に寄与したのか聞いてみた。

この担当者が勤める病院は循環器など20科以上ある地域の中核病院で、非常勤を含めた医師約２００人、看護師約１００人、事務職員約70人が在籍するという。ワクチン接種の診療報酬費だけで月１８００万円を稼ぎ、ピーク時（２０２１年１〜３月）は収益全体の１割を占めたという。この病院がメインとする糖尿病の診療報酬を上回る額だ。

国はワクチン接種１回につき４７９５円を医療機関に支給する。時間外加算などを加えれば最大１万円超となり、約２倍の報酬が得られる。財務省はこの診療報酬の引き下げを模索するが、厚労省や医師会の抵抗もあって据え置きが続く。また、ここまで報酬額がつり上がった背景には医師会からの要求を飲まざるを得なかった事情があるという。

「冗談抜きにして、ワクチンが金にしか見えなかった。（接種の）予約枠を開放しないぞという半ば脅しのようなことをちらつかすことで、自治体から金を引き出していった。うちだけじゃないです」

経理担当者はこう語る。さらにこの自治体の担当者も次のように振り返っている。

「意識が高い医療機関は報酬のことを言わず、『社会的に大変なんだから協力しないといけないですよね』と言ってくれるところもありましたけど、圧倒的に少数でした。10の医療機関があれば、そういう考えのところは１つぐらい。未だに（医療機関ごとの言い分を）仕分けられますよ」

この病院では、ワクチン接種で得た利益をＩＣＴなど新規の設備投資に充てたという。

また、自治体が主催する集団接種を通して、医師や看護師ら個人が荒稼ぎした側面も見えてきた。

「私も、私も」。自治体から新型コロナワクチンの集団接種の看護師募集の案内が届くと、看護師らが一斉に声を上げたという。市民センターを利用した集団接種は土曜日や日曜日に開かれ、この病院には自治体から計6回依頼があったという。通常勤務と違い、報酬は医師や看護師の直接収入になった。

看護師の時給は１７００円前後が相場だが、この自治体が設定した時給は５０００円。医師に限っては2万６０００円に上った。報酬がつり上がった背景には、医師会と自治体の折衝があり、交渉を担当した自治体関係者は、ここでも「金を上げないとやらない」と病院経営者らから詰められたことが背景にあり、自治体側は言い値を呑むしかなかったという。集団接種の時給は自治体ごとの設定で、未だに各地で非公表にされたままの自治体も多い。この自治体担当者は、「集団接種はドル箱で、国が自治体の裁量で集団接種を決めていいとしたんです。国も関与したくなかったんでしょうね」とこぼす。

こうした思いを接種体制の整備にも関わった政府関係者にも伝えた。

「強引に（基準単価を）作るべきだとは思っていた。地域によってばらつきが出ることは良くないことで、国がリスクをとって決めるべきだったと思うよ」

言葉の柔らかさとは反対に、表情はかなり厳しかった。

確かに不正ではないし、明確な取り決めがない中での「交渉」といえばそれに尽きるのかもしれない。私自身、こうした舞台裏を伝えることにニュースとしての価値がどこまであるのか、と考えると未だに分からなくなる。医療従事者の働き方に過大な負担がかかり、日々の診療などで数字に表れない過酷な労働環境や精神的なストレスを強いられた部分もあるからだ。

ただ、根詰まりや無駄が起きた原因として考えられることは何だったのか。ワクチン接種を受けたくても受けられなかった状況、国費負担が異様なまでに膨れ上がった背景を知りたい人は少なからずいるはずだ。

また、官僚たちは検証の必要性を説きつつも、いざ、正面を切って問い直すと「（検討を行うことの）生産性が低い」と弱腰になるのがもっぱらだった。政治が主導して検証を進める気配も感じられない中、ワクチンの単価など謎に包まれた部分も多いコロナ支援が開示される日はくるのだろうか。

働く親が受け取れない給付金

検証が進まない理由はさまざまだが、その一つとして政府や自治体でさえ正確なデータを持ち合わせていない場合もある。暮らしを脅《おびや》かされた人たちにコロナ予算は行き渡ったのか――。血税の行方を追い続けていると、個人が本来受けられる公的サービスを受けられなかったり、政府と国民の間に挟まれた企業や地方自治体の都合によって受け取り方が異なったりするケースも見えてきた。

取材班ができてから2年が過ぎ、この頃になるとテーマごとに記者が参加する形をとっていた。初期の取材班のメンバーで継続的に公金の行方を追っているのは、諸事情もあって私1人だけになってしまった。それでも、地道に続けていこうと思っていた。同業他社を見渡しても、コロナ禍の3年間の政府支援を取材してきた記者は限られた。そうプラスに捉えながら取材を続けてきた。

前例のない規模ありきのコロナ支援策は持続化給付金のように審査の厳格さを落として申請から支給までのスピードを速めると、不正が多発する。一方で、家賃支援給付金のように支給までのチェック体制を整えれば整えるほど、支給までのスピードは落ち、申請者が混乱した。正解はなく、機動的にさじ加減を調整できるのが一番望ましい。カギになるのは現場の混乱がダイレクトかつ、少しでも早く伝わる仕組み作りだ。

例えば、新型コロナの急拡大に伴って保育園や小学校の休業が相次ぎ、子どもの世話をするために仕事を休まざるを得なくなった親たちを支援する、厚生労働省の「小学校休業等対応助成金」も少なからず、混乱が生じた。助成金の受付窓口は原則として企業が担うが、誰もが知る大企業でも従業員からの申請受け付けがためらわれていた。

大手人材派遣会社の派遣で東京都内の上場企業で働く30代女性は２０２１年３月末に約１週間仕事を休んだ。長男（当時3歳）が通う保育園で新型コロナの集団感染が発生し、家で世話せざるを得なくなったためだ。休業による減収は数万円。女性は国の助成金の対象になると知り、派遣会社が従業員向けに出した案内文を見た。ところが、文書には3月下旬を過ぎると「申請できない」と書いてあった。

3月下旬という期限は派遣会社が独自に設けたもので、Ａ４サイズ、２枚の文書の末尾に書かれた「よくある質問」の欄を読み進めると、「3月24日以降の申請はできないか？」の質問について、「できません」と書かれていた。「3月支給分の給与と併せて支払うため」と

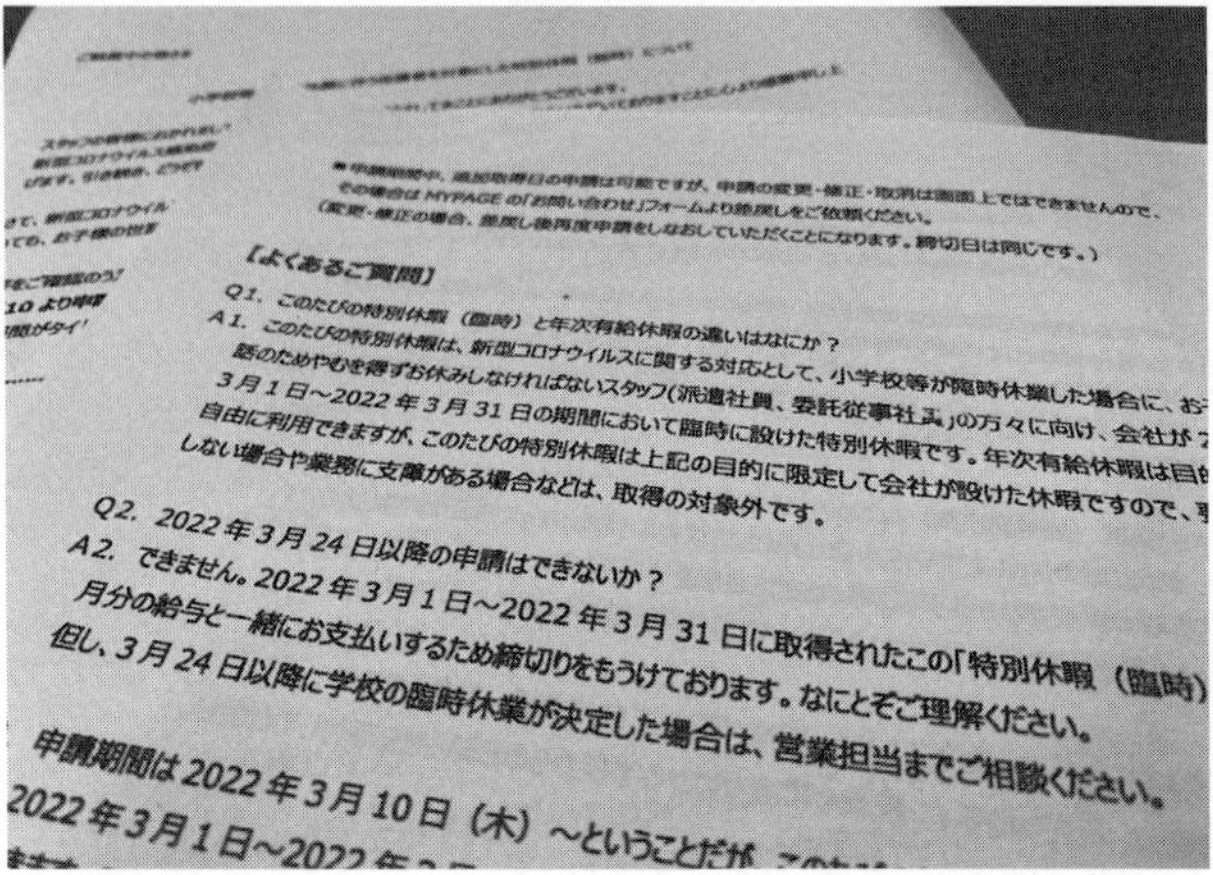

大手人材派遣会社がスタッフ向けに出した「小学校休業等対応助成金」の案内文。2022年5月27日撮影。写真提供：毎日新聞社

いうのが理由だった。

女性は「国の制度なのに企業の都合で助成金を受け取れないというのはおかしい」と担当者に抗議。回答は「ご理解ください」の一点張りだったが、申請したら約2週間後に認められたという。

「会社の事務処理の負担が増えるのは分かるが、文書の表現を見ると申請数を減らしたいとしか思えない」

女性は憤りながらこう話す。一方、派遣会社の広報担当者は申請期限を設けたことについて質問すると、書面で次のようなコメントが返ってきた。

「原則的な期限を示したもので、個別に相談を受けたものは適切に対応してきた。た

だ、表現は誤解を与えかねないもので、4月分の案内からは見直しを行った。派遣スタッフに誤解を与えたことを申し訳なく思う」

中小企業で申請が断られたり、個人が申請をためらったりするケースはあったが、上場する大手企業でも制度に後ろ向きというのは意外だった。

教訓を見いだせるか

この助成金は２０２０年3月、新型コロナの感染拡大を受け、政府が一斉休校の措置を取った際に創設された。一旦は別の制度に衣替えしたが、使いづらいなどの指摘を受けて２０２１年9月に復活した。

制度は、休業を余儀なくされた親らに有給休暇を取得させた企業に対し、１人当たり１日最大９０００円（緊急事態宣言やまん延防止等重点措置の適用時は１万５０００円）を支払う仕組みだ。保護者らが安心して休業できるよう支援するのが目的だが、２０２０年度は補正予算で計１７１９億円が計上されたものの予算の執行率は4割弱にとどまった。

従業員がこの制度を利用すると、企業側は一時的に休業分の給与を立て替える。また、国への申請や受け取りに伴う経理業務が生じ、企業にとっては負担増だ。中小企業などでは、法律で定められた年次有給休暇とは別に取得できる有給休暇の制度がない企業も多く、制度整備から手をつけなければならないケースもある。先に挙げたケースのように、企業はそれらの負担増を嫌って制度の利用を渋っているとみられる。

国も手をこまねいていたわけではない。従業員から「会社が申請をしてくれない」といった相談を受け付け、各地の労働局を通じて企業側に制度活用を働きかけることにした。さらに制度復活後は、勤務先の同意がなくても個人で申請しやすいよう見直した。

後藤茂之厚生労働大臣（当時）は２０２１年２月１日の衆院予算委員会で、従業員から相談を受けて、制度を利用できるよう労働局が企業に改善を働きかけたケースが制度復活後に１０１０件あったと明らかにした。そのうち約9割の事業主から、制度活用を検討するとの回答があったという。

ただ、制度復活後も予算の執行率は4割程度のまま。新型コロナ対応休業支援金（執行率97%）や家賃支援給付金（同91%）と比べると低調さが際立った。

「国の制度なのに企業の対応によっては恩恵が受けられないのは不公平だ。国が企業に働きかければ労働者は有給休暇を取得できるだろうという想定が甘い。デジタル技術を活用し、企業を介さずに国が個人に直接助成金を給付する仕組み作りが必要だ」

労働問題に詳しい名城大学の蓑輪明子准教授はこう指摘した。

共働き世帯が一般化しつつある中で、子どもを産み育てていくためには、育児休業とその期間中の育児休業給付などのサービスが不可欠だ。しかし、実際には雇用保険の対象とならない非正規雇用労働者らはこうしたサービスを受け取ることができない。本当に必要な仕事と子育ての両立支援策について、国は事業者任せにしている部分が多い。

政府は事業者に自分で助成金の利用を切り出しにくい場合や労働者が個人申請（休業支援金、助成金の仕組みによる直接申請）の利用を希望する人に向けて、都道府県労働局が設ける「小学校休業等対応助成金に関する特別相談窓口」も設けたが、制度を利用するために必要な「職場の同意」が得られない人もいた。大阪府の医薬品卸に勤める事務員の女性（当時33歳）もその一人だ。

「会社と折り合えなかった後に国から働きかけてもらっても逆効果で、職場で気まずくなるだけ。窓口への相談を経ずに個人申請できるようになれば事業者、労働者のストレスも緩和できる」

ある経済官庁幹部は、こうした状況について次のように弁明する。

「雇用保険のように企業が動かないと公的サービスが受けられない日本の仕組みの弊害が出

ている。国の制度が企業活動の補完的な存在でしかなく、うまく主導できていない」

取り上げた事例はあくまでも個別事情に過ぎず、捉え方によっては些細なことかもしれない。しかし、根詰まりの原因をたどると、根底には男女間の賃金格差などの雇用問題を企業任せにし続けてきたことや、後回しにされた子育て・少子化問題もはらんでいる。その場その場で凌いできた社会保障問題がじわじわと押し寄せてきているのかもしれない。

未曾有の危機に対する経験値がなく、試行錯誤だったことはあるだろう。ただ、そうした事情に甘えて、生産性が低かったりデータが不足していたりする事情を理由に検証をしなくていいのかといわれれば、そうではないはずだ。

大事なことは、得た教訓をどう生かすか。もちろん、霞が関の中央官庁や自治体の担当者間で話し合っているかもしれないが、原資が税金である以上、国民から見える形で議論されるべきだ。また、こうした個別の事業を通して得られた教訓に「横串を刺す」ということも必要で、課題の収集や取りまとめの指揮を担えるのは官邸しかない。該当省庁で足並みがそろわなかったり、省庁間で責任の所在を押しつけ合ったりしている側面もあるためだ。有事で得られた教訓こそがレガシーで、決して無駄にせず真に必要な施策に落とし込んでもらいたい。

第4章

地域のしきたりが搾取する公金

——遊興費へと消える
消防団員の報酬と農業補助金

地方創生という名のもとに交付金が国から地方に配られている。その金の流れは、末端の国民に公金が届くまでに自治体だけでなく、わざわざ地域の盟主を挟むことが慣例となっている政策もある。中には不可解な仕組みを利用して、消防団員に支給される報酬や農業補助金の一部が個人に行き渡らず搾取されている場合も。こうした公金は地域に吸い上げられて飲み食いなどの遊興費に消えている。地域はデジタル化による手続きの見える化に抵抗し、行政も対応に手をこまねいていて、長年見て見ぬフリを続ける。こうした「利権」には政治家との関係の深さがちらつくが、抜本的な改革は進むのか。コロナ禍で国の財政出動に歯止めがきかない中で、なぜ「聖域」にメスが入らないのか——。地方に配られる公金の行方を追った。

４・１　団員の報酬は団のモノ？

搾取される消防団員の報酬

企業や地方などを挟むと、国からの本人に交付される公金が届きにくくなったり、本来とは違う趣旨で使われたりしやすくなる。だから、こうした公金の配り方の見直しや直接支給・申請を求める声は根強い。前章で紹介した小学校休業等対応助成金や地方創生臨時交付金はその一例だ。電子申請などのデジタル化を進めれば、国民の意向に合わせて直接支給することはいとも簡単にできるが、一筋縄ではいかない。むしろ、利便性が高まることを拒んでいるように映る。

行政のデジタル化は「司令塔」として２０２１年９月にデジタル庁が発足した後は迷走が続く。発足８カ月で民間出身の事務方トップである石倉洋子デジタル監が退任。官民の文化の違いから民間出身者の退職が相次ぎ、組織面の課題も抱えていた。デジタル庁内部からも職員の結束を固め、行政のデジタル化を一気に進める「突破力」のある政治的なリーダーシップを求める声が出ていた中、22年の内閣改造で自民党の河野太郎氏が大臣に就任。突破力を持ち前とする河野氏を起用し、政府もようやくデジタル化に本腰を入れ始めた。

なじみは薄いかもしれないが、消防団を巡る公金の流れもデジタル化が思ったように進んでいない。「火の用心」のかけ声でもおなじみで、地域の見回りや独自の法被《はっぴ》を身にまとって、火災現場で消防職員や警察官とともに火消しや交通整理といった「共助」の役割を果たしているのが消防団員だ。一見、ボランティアのように思われているが、自治体から報酬（給与）が支給されている。ただ、公金の横領や水増し請求のほか、消防活動をしていないのに報酬や手当を受ける不正受給が全国的に広がっている。本来、支給すべき人に届かず搾取される実態について、全国各地で異議を唱え始める人が増えている。

消防団は訓練に加え、祭りの警備や洪水時における河川の水位確認など活動範囲があまりにも広く、行政の「便利屋」として仕事を任されてきた部分もある。使い勝手の良さもあって、行政主導で不正の襟が正されない状態が続いている。国も自治体もようやく対策に動き始めたが、弱腰だ。

通帳を作って提出してください

その消防団で問題になっているのが、消防団員に銀行口座を新規に開設させ、その口座の通帳やキャッシュカードを団幹部が回収し、行政から振り込まれる報酬を団員個人に直接渡さずに不正利用していることだ。複数の消防団で明らかになった。これまで大抵の消防団で行われてきた長年の慣習。銀行口座を本人以外が管理すれば犯罪にも流用されやすくなる。

千葉県北部の消防団。２０２２年２月、所属する全団員に幹部から無料通信アプリ「ＬＩＮＥ」のメッセージが届いた。報酬を振り込むための口座を開設したうえで、そのキャッシュカードを分団に預けろという内容だった。暗証番号は全員が同じ番号に統一することも指示されていた。

銀行口座を開設者以外の者に渡したり、第三者が口座を管理したりするのは法律で禁じられている。マネーロンダリング（資金洗浄）の温床になりかねず、悪質な場合は詐欺罪や犯罪収益移転防止法違反などの罪に問われることになる。

「法令違反になる気がします。他の方法はないですか」

40代の男性団員は幹部のＬＩＮＥに返信した。しかし、幹部の指示は覆らない。

「正しいとはいえませんが、犯罪に至らないので問題になりません」

不信感を募らせた男性は口座開設の指示を拒否。他にも複数の団員が口座開設を断った。この消防団では報酬の支給方法が決まっていないという。

東京都町田市のある消防団も農協系の金融機関で個人口座を団員に開設させている。所属団員らによると、キャッシュカードや通帳はやはり分団が回収・管理しており、市から振り込まれる出動報酬（４時間以上８０００円）は団員個人ではなく分団が管理している。キャッシュカードの回収に関わったある分団幹部が取材に応じた。

「頭では（不正だと）分かっている。曖昧な部分とはっきりダメなところの線引きが明確でないのをいいことに、昔の慣習から抜け出せずにいた」

個人への報酬を分団が管理していたことを明かした幹部に今後の対応を聞くと、「原資が税金である以上、見直していく」と、分団幹部は自戒を込めながらそう何度も口にしたが、その後の動向を追っていると変わったとはいい難い。むしろ、危機感を持って改革が進む分団と、意固地になって利権を守ろうとする分団との二極化が進んでいる。コロナ禍でも、搾取した公金でたびたび飲み会が開かれていて、地域住民から不評を買っているという。

のちに分かったことだが、町田市は個人への同意が曖昧なまま、勝手に入団手続きを進めた例が複数あるという。ある現役団員が明かしてくれた。発覚経緯としてはある日、自宅に報酬などが本人に支払われたことを示す「源泉徴収票」が届き、不審に思って分団などに問い合わせると、同意した覚えがないにもかかわらず、団員として登録されていたという。

汗をかいた者に届かない

なぜ、新規に口座を開設させて、通帳やカードごと回収する必要があるのか。取材を進めると、消防団員の報酬を巡る不透明な実態が浮かんできた。

消防団員は特別職の地方公務員。給料に当たる「報酬」（年3万６５００円）と、消火活動や訓練などに出動した際に支給される「出動報酬」（1回８０００円）があり、いずれも原資は税金だ。各市町村が条例で定めて支給している。

入退団は自由で、団員の本業は公務員や経営者、元消防士、自営業者、会社員などさまざまだ。休日や帰宅後など必要に応じて出勤する。

消防団の報酬を巡っては、団員個人ではなく分団がプールして飲食代や遊興費に充てるなど杜撰な管理が長年、問題となっている。事態を重く見た政府は２０２０年末から21年１月、全国の消防局、消防本部、一部事務組合など１７１９団体を対象に実態調査を実施。全ての団体から回答を得たところ、全団員に出動報酬を直接支給しているのは36％にとどまり、残

◆出動報酬の支給方法

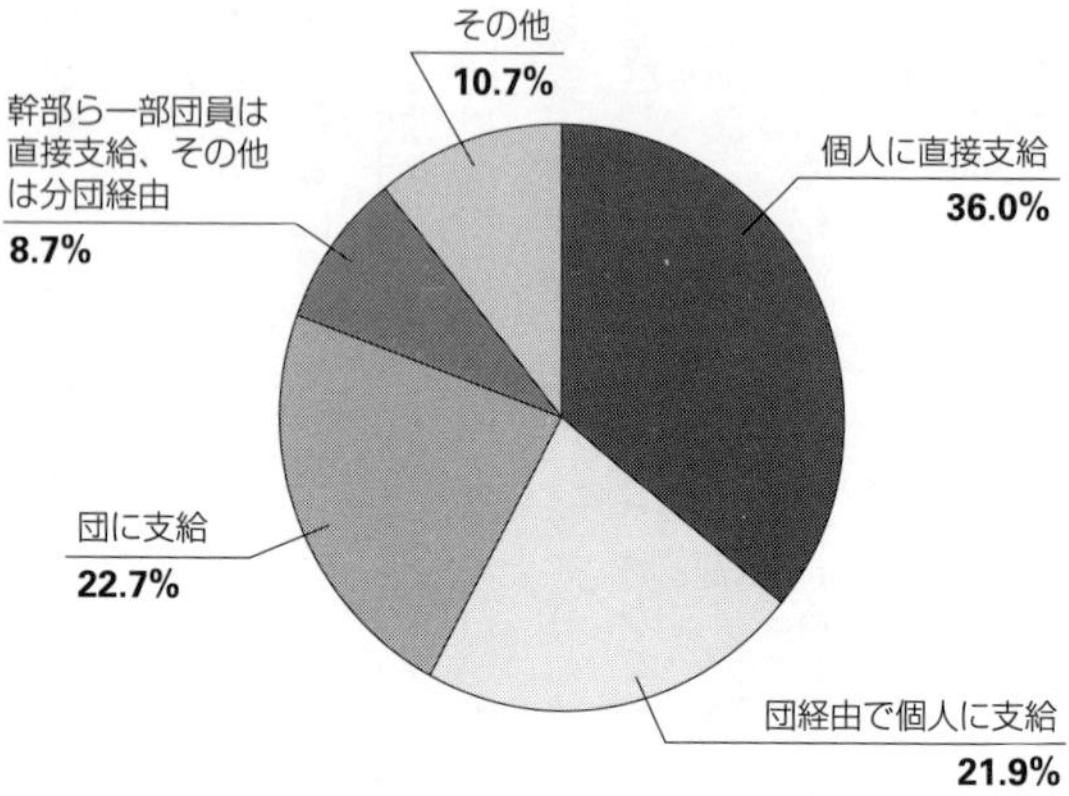

※総務省の実態調査のデータを基に作成（2020年４月時点）。

りは団員個人に直接支給していなかった。

「透明性の観点から適切ではなく、団員個人に直接支給すること」

　総務省は２０２１年４月、報酬を支給する市町村に対し、直接支給を徹底するよう通知。個人に支給していない市町村に対しては、１年後の22年４月から直接支給に切り替えるよう促していた。男性が口座開設を拒否した消防団を所管する千葉県北部の自治体も出動報酬は個人ではなく消防団に支払っていたが、４月からは団員個人への支給に変更。それに合わせて消防団が各団員に報酬を振り込むための口座を新規に開設するよう指示したとみられる。

　口座開設を拒否した団員が問題視するのは、

汗をかいた者に報酬が届かないこと以上に、プールされた報酬の使い道だ。その多くが飲み食いなどに使われているという。

「カードが盗まれたりマネーロンダリングに使われたりしたら取り返しがつかない」

「何に使うのか、管理方法も説明されずに口座を作らせて回収する手口は納得できない」

「我々が特別職の公務員であるという自覚に欠け、正気の沙汰《さた》とは思えない」

団員らはこう憤る。

ある消防団の機庫にある冷蔵庫。火災などの緊急時には地域消防の中核拠点となるが、中には缶ビールや缶酎ハイがぎっしりと詰まっている。ある消防団員より提供。写真提供：毎日新聞社

行政も手をこまねいている。直接支給を徹底する目的の正当性について理解があるものの、踏み込むことをためらう。地元とも対立しかねないため、担当課や担当者の熱意に任せているのが正直なところだ。

お金の流れとしては、個人の口座に報酬が振り込まれるため、形式上は直接支給が進んだことになり、そ

の口座を誰が管理しているかまでは外部からは分からない。

口座開設の指定を受けた銀行の広報担当者に聞くと、「取引約款などの各種約款に抵触することになり、取引は遠慮頂くようお願いすることになる」とコメント。総務省の担当者も「口座を作らせて回収しているという話は聞く。個人払いの趣旨を害すうえ望ましくない」と非難する。しかし、報酬を支給する側の自治体の担当者は、通帳やカードを回収する不正について、「把握していないし、確認する予定もない」と話す。地下に潜るように表面化しない不正行為。報酬を手にできずにいる消防団員の間では「潜伏型横領」と呼ばれている。

総務省は2022年4月、報酬の支給方法に関する実態調査を再び実施した。その結果、直接支給している団体は約7割に上昇したが、残る約3割は依然として分団などに支給されていた。直接支給の中にも「潜伏型横領」が含まれている可能性があるため、報酬体系の抜本的な改革にはほど遠い。

全国の消防団員の数は現在、約80万人。少子高齢化によって年間1万人前後のペースで急速に減り続けている。予算欲しさに活動実績を偽って報酬や手当を得る「幽霊消防団員」の存在も問題視されていて、団員減少は少子高齢化の影響もあるが、多くの悪習が消防団離れの一因になっていると指摘する声もある。

幽霊団員に3億円超

この幽霊団員を巡っては２０２０年12月、全国の消防団員の実態を把握しようと、人口10万人以上の２６４都市を対象にアンケート調査を実施した。その結果、登録されているのに活動履歴が把握できない幽霊団員が18～19年度の２年間で少なくとも１１６自治体に計４７７６人いることが分かった。幽霊団員に支払った報酬の総額は計３億１４２７万円に上る。

また、横領などの不正事案も続出し、被害額は数百万～数千万円に上る。長崎県佐世保市では２０１３年９月、消防団の口座から計約３２００万円を引き出し、経営する会社の運転資金や自宅のリフォーム、車の購入費に充てたとして、会計担当の副団長を懲戒免職にした。

共通するのは報酬などが直接、個人に届いていないことだ。こうした問題は、当事者が地域や職場で「村八分」にされることを恐れるため、表面化してこなかった。

不正事案が放置されてきた背景には、消防団と政治家の関係の深さもある。消防団は与野党問わず票田となっていて、自治体職員がメスを入れようにも思うように進まなかったり、抵抗を受けたりする事情がある。

町田市のある団員は、２０１７年にあった都議会議員選挙で「ポスター張りや（政策を訴える）朝立ちも手伝わされた」と証言した。国政選挙でも消防団が駆り出されるという。都内のある団では新年会での政治家との交流は慣例で、招待した政治家の飲み会費用は団で受け持つ。その際、個人に配られるべき報酬や手当を充てている。当然、政治家はこうした事情をある程度把握している。

近年は大規模災害が頻発していることもあり、団員数が減る一方で、消防団の役割は増えている。洪水時には自治体が定める水防計画に基づき、河川を巡回して水位の確認も行う。命の危険も伴うハードな印象からか、新規の入団者は見つかりにくく、勧誘などが強引になる側面もあるという。政治的な部分に振り回された挙げ句、本来、市町村が負担すべき防火服や手袋などの備品を個人に支払うべき報酬などから賄《まかな》わざるを得ない台所実情もある。

関西大学の永田尚三教授（消防行政）はこの問題に対して次のように指摘する。

「個人口座の回収は大問題だ。活動費の着服や横領が多発する中、通帳やカードを悪用されるかもしれないと疑う人が出てくるのは当然のこと。個人に支給すべき報酬を飲み食いや旅行代などにつぎ込む慣習について、見て見ぬフリをしてきた国や自治体の責任は重い。本当に団員個人への直接支給が行われているかどうか、行政主導で監視体制を整えていく必要がある」

報酬・手当については自治体向けに出す資料として、個人から受領印をもらったり、紙の報告書を毎回作成したりして提出している団も多い。不正の温床となるアナログなシステムのあり方を変えるには、政府がデジタル化の推進を謳《うた》うこのタイミングこそ絶好の機会だが、不正の闇が根深い消防団からはデジタル化を求める声は上がってこない。埼玉県のある自治体では、支給状況の正確な把握を避けるためか、消防団員のマイナンバーカードの取得率が１割程度にとどまるなど他の住民と比較しても低調で頭を抱えているという。

同意のないまま団の口座に振替

「団長時代にあったことを、全てお話ししたい」

ある消防団で幹部を務めていた男性が取材に応じた。汗をかいた者に報酬が届くようにしたい。男性は怒りに満ちていて、団員個人に報酬を直接支給する方式に切り替えるように役所に打診したが、担当者の答えはノーだった。「業務が煩雑になる」などとして申し出は拒否されたという。そこで、団員の口座から引き出した報酬を使った飲み会や旅行を禁止することにした。しかし、これには他の幹部団員が強く反発。のちに分かったことだが、飲み会や旅行を再開するための「圧力」として、退団者の希望が殺到していることをちらつかせて

埼玉県狭山市のある分団では通帳だけでなく、判子も回収されて管理される。2022年7月4日、同市の消防団員提供。写真提供：毎日新聞社

きたという。男性は幹部を退いたが、「公金を肥やしにするのはやはり許せない」と語気を強めた。

男性のように、正常な組織へ浄化しようと働きかけるにしても、孤軍奮闘するしかない。途中で「村八分」に遭ったり、ストレスで病気を抱えてしまったりしている団員もいる。「消防団マネー」の改革は思ったように進まない。

では、回収された通帳やキャッシュカードは一体どのように不正利用されているのか。

埼玉県狭山《さやま》市のある消防団員は新たな不正の手口を明かした。入手した内部資料やこの団員の証言によると、ある分団ではポンプ車などを管理する機庫に約20人分の通帳と印鑑を紙箱に入れて保管している。会計担当者らが銀行に出向いて、この印鑑を使って「振込依頼書」や「払戻請求書」を提出。団員個人の同意を得ないまま、本人になりすまして報酬など

を分団の通帳に振り込んでいる。分団で一括管理するこのお金は飲食代などに充てているという。

本人になりすまして銀行印を使用すれば、有印公文書偽造や業務上横領などの罪に問われる可能性がある。狭山市の担当者は取材に対して、「口座ごと回収している事例があると聞くので、団幹部に通帳などを返却するよう働きかけている」と答えた。

一方、男性団員は行政の手ぬるい対応に嘆きながらこう批判する。

「市の調査は分団長などの幹部に確認するだけで、実態を野放しにして隠していることに変わりない。団員個人に定期的な支給調査を実施し、監査を続けるべきだ」

ちなみにこの男性団員によると、狭山市では消防団のゴルフコンペが不定期で開催されている。分団ごとの持ち回りで開かれていて、参加自由であるものの、幹部から参加を催促されるという。中でも気になる問題は、このゴルフコンペの事務局を市が務めていることだ。入手した案内文書（公文書）は市が作成し、職員も参加。行政が集金役まで務めている。

国家公務員倫理規程でしか「公務」としてのゴルフ参加は禁止されていないため、地方公務員が縛られる規定は各地の条例によって異なるが、人事院の勧告に基づいて給料が増減する地方公務員もそれに準じた形で参加していいのか微妙なところだ。男性団員は、「公務かプライベートかの線引きも非常に難しく、倫理規程に反すると疑いを持たれても仕方がない」と指摘する。

狭山市の消防団員の定数は約３００人だが、直近2年は前年度比約マイナス５％と著しく減少する。一般団員の報酬などが役員の飲酒代、宴会費に使われ、残金が戻ってくることがないことに不満はくすぶり続けていて、呆れ果てて退団する団員もいる。

時代錯誤な反論

同様に、関東地方の男性団員も直接支給への切り替えで、幹部から農協系の銀行口座を作成するほか、支給された報酬を別の口座に振り替えるようにＬＩＮＥで指示を受けた。男性は納得できなかったが、親族からの指示だったこともあり、従う方が無難だと判断した。それでも、次のように指摘する。

「機運が高まっている時に消防団を刷新しないといつまでも変われない。（振り替えの指示は）問題を『見えない化』しているだけで、団員数も減り続けている中で危機感が薄すぎる。決してお金が欲しいとかではなくて、正常な組織運営に戻していくべきだと思う」

寄せられた声によれば、こうした消防団特有の「風土」の改善に着手し始めた団や自治体もあるようだが、多くが長年続く慣習からの脱却に苦戦していた。町田市消防団（全５分団36部）は２０２２年６月下旬、報道を受けて３部で口座の不正管理があったと発表した。団幹部らによる会議が続いているが、一般団員には開催さえも知らされていない。市は今後の対応について、幹部が集めた額や使途などの裏づけはとっておらず、さらに詳細な調査をしていくか検討中として濁す。別の部のある男性団員は「調査は幹部を通じたもので、末端は調査や会議が行われていること自体知らない。口座も返却されていない」と語る。

不透明な報酬体系や行政の対応に不満の声が上がる中、一方の高齢団員や団員ＯＢからは、報酬を一括管理する妥当性を主張するような意見も寄せられた。

「報酬を旅行や飲み食い代に充ててきたのは事実。長くやってきた『しきたり』だ。文句を言う人はいない」

「消防団に在籍した20年間、報酬を受け取ったことは一度もない。報酬を飲み食いに使って何が悪いのか」

団員間、特に世代によって報酬を巡る考え方が大きく異なるが、時代錯誤の感覚といわざるを得ない部分もある。ちなみに、こうした飲み会は操法大会に向けた訓練後に開かれる機会が多いが、放水時のホースの伸ばし方や持ち方を競うこの操法大会そのものも、現場で必要とする技術を身につけられているのか疑問視する声もある。会社員勤めの団員であれば、大会前は平日の出勤前後に訓練を強いられることから廃止を訴える声も多い。

過剰な負担に加えて、若者を中心とする消防団離れの一因ともされる不透明な報酬体系。中には裁判沙汰にまで発展するケースも出てきている。

「政治資金パーティーの会費にも流用されている」

「消防署内に設置された団体が消防団から『上納金』を集めている」

団員に直接支給するべき報酬などを巡っては、必要備品や遊興費に充てられているケースがほとんどだが、複数の幹部からは情報の真意は分からないものの、こうした疑いの声まで寄せられた。

聖域にメスは入るか

一方で、少しずつだが改善に向けた取り組みも出てきている。

消防団の報酬を巡る報道は地方支局に所属していた頃から続けてきたこともあり、通帳などが本人に返却された例も聞こえてくる。自治体によっては一般団員を含めた報酬の使途や支給方法を巡るグループワークや説明会も開催している。

「グループワークや説明会の案内は幹部を通して伝えたものなので、全団員に届いていると信じたい。実際に一般団員の参加もあった。直接支給ができないとなった場合、じゃあどうすればいいのかを話し合って、同意を得たうえで互助会のようなものを作ることも一つの手段ではないかと提案している」

グループワークを開いた東京都多摩市の担当者はこう強調する。

東京都内の女性が所属する分団では２０２２年１月、全団員が参加する会議が開かれ、回収された団員個人の通帳が返却された。中身を見ると、飲み会や旅行費に充てるために報酬として支給された約50万円が一括で引き出されていた。利用されていたのはメガバンクの通帳だった。

「これだけの額の税金が遊興費に使われている実態にはかなり驚いたし、金融機関の本人確認ってちゃんと機能しているのか不安になった」

女性が所属する分団でも新年会は毎年、ポンプ車などが保管されている「機庫」で開かれ、与野党問わず国会議員が参加するようだ。

「(国会議員の）滞在時間は15分くらいだが、全ての分団の新年会に参加してあいさつ回りをしている。政治的な結びつきが強いのか、権力者との近さからなのか、消防団の既得権益が守られ続けていると思っても不思議じゃない」

こう疑問を投げかけるも、通帳が返却されたことについては「一歩前進したと思う」と評価する。

「政治的な結びつきが強く、これまで通り（報酬などを私的に）使いたい気持ちもあると思うが、もうそういう時代ではない。消防団幹部と自治体職員とで結託するのではなく、末端の団員も含めた協議で使途を決めていくのがよい」

地域に不可欠な「共助」を担う存在だからといって、節度を超えた公金の使い込みが許されるわけではない。一方、団員間のコミュニケーションの手段として、飲食や旅行で親睦を深めることを批判しているわけではない。問題の根底はそこではなく、その原資が本来、直接個人に支給されるべき公金で、同意もなく回収・不正利用されている仕組みの改善が必要だということだ。自治体からも一定の運営費が交付されるため、活動後に配る弁当代やお茶代はそうした費用から捻出するなど、工夫の仕方はいくらでもある。

この女性団員は、会計担当を１年務めた経験からこんなことも話してくれた。

「消防団の運営予算（約２００万円）のうち、最も支出が多いのが旅行。次に飲み会やカラオケ代。本来の活動に係る予算は全体の３分の１から半分くらいで、報酬などを回収しなくても運営はなんとかやっていける。必要であれば、自治体に予算を付けてもらうのが筋だと思う」

運営予算は地域にもバラツキがあり、都内は比較的恵まれている事情もある。その点も踏まえて、各地で「消防団マネー」を巡る横領・詐欺事件が多発することもあり、飲み会や旅行を会費制にする団も出てきている。

一方、国会、地方議会ではこの問題はほとんど取り上げられない。国会会期中は、特に野党の国会議員から質問の「ネタ」を相談されるケースもあるが、消防団の話題についてはほとんどの議員が、「その問題はちょっと。厳しく追及しすぎると自分の立場も危うくなるかもしれないし」と渋る。

それでも、ある地方議員（自民党）からは「消防団の悪質な惨事について相談を受けるケースも増えてきた。さすがに放置できなくなりつつある」という意見も聞いた。改革派はごく一部に過ぎないものの、転換期を迎えていることは確かだ。国政、地方問わず、選挙に強い議員にこうした問題意識が広がりつつあるように思う。消防団活動のあり方が岐路に立たされているのは間違いない。

「団員個人へ直接支給された報酬を消防団や分団に納めるよう求めることは（同省が自治体

に通知する消防団報酬に関する）基準の趣旨を逸脱する不適切な取り扱いである」

消防庁を所管する金子恭之《やすし》総務相（当時）は閣議後記者会見で、消防団で横行する銀行口座の不正管理について、このような見解を示した。そのうえで次のようにも述べた。

「市町村に対してそのような事実を把握した時には、早急に是正するよう求めている。懇親会の負担など消防団の運営は団員の総意に基づいて行われるべきもので、まずは団員全体で議論してほしい。それを前提としつつ、今後も報酬の団員個人への直接支給の徹底を図っていく」

消防組織法に基づいて、消防団の活動を「公務」と、それによらない「公務外」に分けて定めている地方自治体もある。この公務外の規定があることで、消防団と自治体・自治会のなれ合い的な関係が維持されていて、その典型が「消防団後援会」という組織だ。住民（自治会員）が後援会を通じて消防団への寄付を強制させられているところもある。

公務員の職務に「公務外」を規定していいのかという論点もあるが、無視されているのが現状だ。消防団は「地域のボランティアとしての性格を併せ持っている」といわれているが、法律上になんら根拠はない。公務外を規定することは消防組織法に違反する行政行為であるという指摘も出始めている。

国民は消防団活動の対価として支払われる報酬などの予算として、年平均で換算すれば1万円前後の税金を支払っている。不正はごくごく一部の事例と思いたいが、情報提供は次から次へと届く。極めてまれなケースとして断定、野放しにすることはできなくなっている。自治体や国が長年見過ごしてきた責任は決して軽くない。こうした聖域にもメスを入れていく必要がある。この先も行政の「軽視」は続くのだろうか。

4・2　孫の小遣いとなる中山間地域の補助金

農業補助金でも搾取

地方に配られる公金が本人に届かないのは消防団に限った話ではない。

税金・公金は間違っても私腹を肥やすものではない。地域の有力者によって公金が搾取され、届くべき人に届いていない、放置されていることは一人の納税者として腹立たしい。

政治家と支援者の関係を、良いか悪いかのどちらかに言い切ることはできない。しかし、中央では経団連が自民党に巨額献金を続け、それがまったくの無私の精神から行われているものでないことは常識の範ちゅうでもある。政治家との距離の近さで、見返りや営利供与が受けられたり、受ける公的サービスに差が出てしまっていたりするのも現実としてある。そして、政治の恩恵を受けられる人たちというのもごく少数だ。政党や特定の政治家に対して「票」という形で支援しても必ず恩恵が受けられるわけではない。

一連の取材を手がける中で「ネタ帳」の一つにしたのが政権与党の選挙公約だ。これまでの公約を追うと、毎度のように載り続ける政策がある。２０２１年10月、岸田政権の発足間もなく迎えた衆院選に向けて発表した自民党の公約を見てみる。例えば、農林水産業の項目には、次のような記載がある。

> 担い手の育成・確保や農地の集積・集約化を進めるとともに、規模の大小や中山間地域といった条件にかかわらず、幅広く生産基盤の強化を図ります。

また、２０１９年の参院選前に安倍首相（当時）が打ち出した公約にも似たものが。

家族農業、中山間地農業など多様で多面的な農業を守り、地域振興を図ります。

表現の違いが多少あっても受け取る趣旨はほとんど変わらない。そして、実際に２０２１年の衆院選では、新型コロナの流行に伴う米の需要低迷で苦境にあえぐ農家の支援策が一つの柱となった。自民党は過剰在庫の長期保管や資金繰り支援を打ち出し、立憲民主党は政府備蓄枠の拡大や販売価格が生産費を恒常的に下回っている作物を対象に、その差額を交付する「戸別所得補償制度」の復活を掲げた。農家の票の取り込みを狙った政策とみられる。

こうした公約は選挙のたびに前例踏襲のように細かな表現のみ手直しされる。食糧自給率の向上や農業の活性化が重要な政策課題であることは間違いないが、農業人口の減少など農家を取り巻く環境が変わってきている中で、慣習で配られる交付金や補助金は硬直化してほとんど変わっていない。長年、政治や行政に守られてきた中山間地域の農家に配られる交付金もそうだった。

大分県内のある小さな集落を舞台にした訴訟で、裁判所が２０２１年5月に集落内で「村八分」があったことを認める判決を出した。背景を探ると、中山間地域の農村を支援するための交付金制度が、地域で分断を生んでいる実態が見えてきた。

分断を生む原因とされるのが、中山間地域等直接支払制度と呼ばれる国の助成金制度だ。平野部から山間部に至る「中山間地域」を支援するため、2000年度に農林水産省が導入した。中山間地の集落ごとに農用地を維持・管理していくための協定を締結し、農地の面積や傾斜に応じて交付金を支払う。交付金は国が50％、都道府県と市町村がそれぞれ25％を負担。19年度は2万6013の協定が結ばれ、533億3700万円が交付された。

男性とは訴訟を担当した弁護士の事務所で対面した。裁判資料などに基づく説明は質問を先回りするかのような話しぶりで穏やかだった。しかし、勝訴判決が下されたばかりにもかかわらず、憤りがどんどんあふれてきた。

村八分の凄惨な実態

2013年5月10日朝、大分県宇佐市内の農村に住む元公務員の70代の男性は野菜の出荷作業中に、地域の長老的存在の住民に車の中に呼び入れられ、こう告げられた。

「付き合いせんことに決めたから。市報も配らんし、行事の連絡もせんので、参加せんとってくれ」

心当たりはあった。この日の約1カ月前、男性が法事で関西方面に出かけている間に集落の13世帯の住民らは会合を開き、男性を「村八分」とすることを全会一致で決議。翌日には、自治区の戸数が1戸減ったと市に届け出ていた。きっかけとなったのが、国の「中山間地域等直接支払制度」を巡るトラブルだった。

この制度では、集落ごとに協定を締結し、農地の面積や傾斜に応じて交付金が支払われる。男性は２００９年に母親の介護のためにUターン移住し、11年に親から引き継いだ田んぼで稲作を始めた。しかし交付金を受け取ったことはなく、市に制度の説明を求めても、最初は「全て地域で決めるので、行政はタッチしません」の一辺倒だったという。

協定上は以前土地を貸していた知人が男性の田んぼの管理者になっていたことが分かったが、名義変更に応じてもらえず、集落の協定から自分の田んぼを除外するように求めると、住民との関係が悪化し始めた。

「金はいらんから、土地を返してくれ」

生まれ育った地域住民と争う気はなかった。男性は集落の会合で訴えたが、「外から来て偉そうなことを言うな」などと罵声を浴びせられ、次第に嫌がらせはエスカレートした。男性は周囲から口をきいてもらえず、保有する畑に行くための市道には「進入禁止」と記されたパイロンを置かれた。畑に植えていた柿の木は刃物で傷つけられたうえ、傷口に薬品を塗られたために枯れてしまった。愛用していた帽子がずたずたに切り刻まれて自宅前の庭に投げ込まれていることもあった。異常というより狂気に近い。農村地域の閉鎖性にたじろいだ。

「なんでこんな目に遭わんといかんのか」

男性は２０１８年、村八分の扱いを受けて人権を侵害されたとして、歴代の自治区長３人と市に計３３０万円の損害賠償を求める訴えを起こした。

男性が市に情報公開請求をするなどして調べたところ、市が保管する直接支払制度の協定書には、締結日さえ記載されていないことが判明した。集落には年約３００万円が支払われ、そのうち半分が個人に配分されることになっているが、市への提出資料では個人配分の欄が空白になっている年もある。

「地区の代表者の意のままにできる制度。チェックするはずの市や議会も機能していない」

トラブルをきっかけに、集落の協定は２０１５年に終了した。

大分地裁中津支部は２０２１年５月、「社会通念上許されない村八分」があったと認め、歴代区長３人に計１１０万円の賠償金支払いなどを命じた。しかし、集落の住民らは賠償金の負担を分け合ったというものの、男性には１１０万円の賠償金はもちろん、国の交付金も返金されていない。男性によると村八分は続いていて、争いはむしろ泥沼化している。

市の担当者にも取材したが、「あくまでも地域間のことなので」と繰り返し、歯切れが悪い。消防団と同じで多くの職員が地域で生まれ育った。問題への深入りは極力避けたいのだろう。公金の受け取りをきっかけにしたトラブルが起きても、対応は後手に回っていた。男性は中山間地域等直接支払制度の概要を知ろうと役所の担当者を訪ねたものの、満足な説明はなかったという。

「（集落内でトラブルが起きて）警戒感が広がったのか最初は制度の説明もされず、パンフレットを渡されただけだった。行政がちゃんと説明してくれていたら、地域でのトラブルもここまで発展することはなかったと思う」

地方公務員を務めていたからこそ、行政の仕事ぶりや心理は手に取るように分かった。だからこそ、事なかれ主義で腫れ物に触るような対応が許せなかった。

交付金は孫のお小遣いに

また、九州地方の60代男性も同様の問題に頭を抱えていた。地元で記者と会っていることが知れわたると良からぬ噂が広まるかもしれない――。そう思った男性とは市街地のホテルで落ち合うことになった。日に焼けた顔立ちにしわの深さが目立ったが、過疎が進む地域内では若手ということで語気は力強かった。農道の清掃など地域の力仕事を買って出ていることもあって、地域のもめ事の相談も引き受けることが多い。

「交付金150万円を持ち逃げされ、皆で出し合って穴埋めしたことがある」

男性はおもむろに驚愕の事実を明かした。市や警察には通報せず、内輪で処理したという。詳しく聞いてくれと言わんばかりだった。

「正直に言いますと、中山間の交付金はいろんな問題があって。行政から支給されたお金を管理する別団体をわざわざ作って、そこから草刈り機とかを買っているんです。ある日、その金がなくなって、『えっ、しかも逃げられたんか』というのが何回かありましたね。田舎だから会計をできる人がそんなにいない。特定の人が長年管理し続けるので、ネコババが起きちゃうんです」

男性は東京の大学を卒業、そのまま就職し、30歳を過ぎた頃に地元にUターンした。「専業農家こそ地域の長」という空気感が強く残っていて、兼業農家の男性は未だにうまく地域に溶け込めていない部分があるようだった。それもあってか、地域に配られる各種の交付金がそれぞれの農家に配られていないことに違和感を持っているが、直談判するのはためらっている様子だった。

「地元の中学、農業高校を卒業して、米を育てた人が『一軍の選手』として、交付金も差配できるんです。僕は米を育ててないから１・５軍という扱いです」

自治体への会計報告は歳入と歳出の金額が合うように、例えば地域の草刈り活動をした際、実際は一人１０００円ずつ配ったとしても、会計上は１万円ずつ配ったことにしている。監査機能がまったく働いていないことをいいことに、地域の盟主らがその差額を飲み食いなどに充てている。帳尻合わせの領収書も作成。あらゆる農業補助金の中でも特に問題が起きやすいのが、この直接支払制度だという。

「持ち逃げが起きて警察に言おうと思っても、元々地域で丸抱えしているので言うわけにはいかない。特定の人が女性にブランドもののバッグを買ってあげたり、おいしいものを食べさせてあげたり。アホみたいな金の使い方なんですけど、地域のメンツにも関わってくるから言えないんですよ」

農水省は過疎化や人口減少に併せて、集落の統合を図りたいが思ったように進んでいない。交付金の管理者が「ネコババ」する取り分が減ってしまうのが一つの要因とみられる。

「自治体へ提出する資料をちょろまかして出しても何も指摘されないんです。いちいち見てられないんでしょうね。これぐらいは大丈夫だろうっていう積み重ねです。最近は孫や息子、娘が帰省した時のお小遣いとして交付金を充ててなんとか使い切っていますよ。分かっていても言わないことが吉なんです」

制度上の欠陥が不正を生み出しているという指摘だ。使途の透明性とチェック機能が担保されておらず、会計帳簿といった資料が公開されていないケースもある。

管理者を務める地域の有力者は昔からの地主や銀行員、公務員などさまざまだが、有力者と移住者の価値観の違いが表面化すると争いが起きやすい。「しきたり」を重んじるかどうかだ。

「地方の活性化を理由に配られている交付金なのに勘違いして、楽して過ごそうというロクでもない奴らを生み出す原因にもなってしまっていると思うんです。田舎は選挙への協力を惜しまないでしょ。しかも、国は（生産過剰となった米の生産量を調整するための）減反政策に失敗した反省があるのか、厳しく切り込めない。過疎化や人口減少が進んでいるのに、地域に配られる公金の仕組みが変わっていないのはやっぱりおかしいですよ」

ノートを帳簿代わりにして、税金の使途を確認するやり方では管理者が偏る傾向があるようだ。一方で、今やほとんどの高齢者がスマホを持つ時代でもある。デジタル化の導入が進めばこうした弊害も改善され、見える化や負担減も進むように感じるが、望む声は少ない。

本音は甘い蜜が吸えなくなることへの危機感ではないだろうか。

人手不足によるチェック体制の不備

少子高齢化による担い手不足、耕作放棄地の増加など、日本の農業を巡る状況は厳しい。政府は手厚い補助金や交付金で農家を支援している。中山間地域等直接支払制度は、耕地面積や農業産出額が全体の約４割を占め、水源の保全や洪水防止など「多面的機能」を持つ中山間地域を支える重要な役割を担う。

傾斜地が多く農地も狭い中山間地は平地に比べ生産コストが高く、高齢化や過疎化も進む。制度では、５年間農業を継続してもらうことを条件に集落単位で交付金を支給することで、農村や農地の保全を図る狙いがある。農林水産省が設置した専門家らによる第三者委員会は、２０１５～19年度の５年間で、この制度が７・５万ヘクタールの農地減少を防ぎ、３・９万ヘクタールの耕作放棄地の発生を食い止めたと推計し、「非常に重要な成果」と評価している。

ただ、交付金の使い道については、集落の農家同士の話し合いで決められることになっていて、農水省幹部は、「自由度は高く、性善説に立った制度設計になっている点は否めない」

と語る。

今回取材した大分県内の集落では、有力者が十分な話し合いもせずに交付金の使い道を決めているのは、暗黙の了解だった。

交付金の使い道に対する自治体のチェックも行き届いていない。締結日などが記載されていない協定書が保管されていた大分県宇佐市の担当者は、「出された書類をそのまま保管していた。チェックができていなかった」と確認が不十分だったことを認める。

国が定めた制度の実施要領では、交付金を使った際の領収書は各集落で保管することになっていて、自治体への提出は求めていない。宇佐市は、集落でのトラブルの発覚を受けて2018年度から提出を求めることにした。

大分県だけでなく、全国各地の市町村でもチェック体制の不備が指摘されている。会計検査院によると、2013年度に26道府県163市町村の3596集落について、協定通りに農地保全などの取り組みが行われているかどうか市町村が確認する書類が、まったく作成されていなかった。20年にも会計検査院から交付金の不適切使用などの指摘を受けたことで、農水省は「個人が所有する施設の改修や整備」や「農家が個々に負担すべき資材の購入費用」などに交付金を充てないよう求める通知を各市町村に出した。

背景にあるのが自治体の人手不足だ。岡山県北部のある市職員は次のように語る。

「全国的な問題でしょうね。移住者やＵターン者に配られるべきお金が配られない。簡単に言うと、チェック体制が行き届いていないからそうなるんですよね。国の補助金の難しいところですけど、例えば、集落ごとの申請にするとお金が出やすい面もあるんです。草刈り機に使いましたからお金くださいという流れなんですが、お金の入り口と出口のチェックがかなり甘めの制度です。実際にずれがあるのは日常茶飯事ですし、この補助金の担当者は役所で１人。１００いくつかという集落の協定や使途を全てチェックするのは無理があります」

国の制度なので自治体担当者が疑問に思っても、直訴はしない。農水省もリモート会議で、地方自治体に意見を求めているが、こうした本音は上がってこない。担当者レベルでは解決への道筋をつけるのが難しく、実際に解決するとなったら根気も必要になるからだ。

この市職員は次のような提言をした。

「制度の大枠を国が決めて、後は都道府県にもう少し権限を譲渡してみてもいいかもしれません。この制度における都道府県の役割はあくまでも政府への伝達役でしかないですから」

揺らぐ制度意義

人口減少や高齢化の進行で、集落任せの「中山間地域等直接支払制度」の運営が限界を迎えているとの見方もある。中山間地域の高齢化率（2015年時点）は35・3%と、全国の26・3%を大きく上回る。農村を引っ張ってきた世代が80歳を超え、限界集落が臨界点を超えつつあり、集落の自治はぐらついている。

制度は集落単位で運営することで地域のコミュニティーの維持が期待されているが、ムラ社会の摩擦は、制度が本来目指す効果と逆行している。中山間地域での集落の維持が洪水防止や環境保全などの「機能」を提供することで国民全体にメリットをもたらしているからこそ、この制度に多くの税金が投入されている。制度に何らかの問題があって本来の効果が発揮されないとすれば、制度や地域社会のあり方を問い直すべきではないだろうか。

形骸化する制度の整理を進めることで、このままでは将来的に耕作放棄地になるしかなかった農地を別の方法で利用することができるようになり、緩衝帯としての役割を再び果たせるようになる。例えば、中山間地では10年後に維持することが困難な農地がある場合、手を打たずに耕作放棄地にしてしまうのではなく、山と農地の緩衝帯として牧草地や森林に転換することも方法の一つとする提言もある。不正防止を主眼に置くのではなく、地域のあり方に沿った給付の仕組みにしていくことで結果がついてくるかもしれない。

それは、「農地は農地として守る」という農水省の原則を根本から変えていくことにもなりかねない。まずは国、自治体、生産者が共通認識を持つことが必要だ。地道だが、こまめな対話を重ねるしかない。

また、交付金が一定程度の耕作放棄地化の予防に効果があるとはいえ、構造改革と財政出動が連動していない。適切な制度運営に向けた改革を進めていく必要がある。

例えば、役場の人手不足の解決策については外部団体による中間支援も一案で、ＮＰＯ法人などが行政と集落の間に入り、集落側の事務手続きを請け負う手法もある。新潟県見附《みつけ》市では、制度を担当していた元職員が退職後に中間支援組織「農村振興センターみつけ」を設立し、２０１７年度から自治体への申請業務を担っている。集落の負担軽減につながるうえ、官民一体で現場支援に当たれる利点がありそうだ。

農業と経済の結びつきに詳しい早稲田大学の柏雅之教授は、直接支払制度について次のように指摘する。

「民主党政権時代に個人支給に一元化すべきとの案も一時出されたが、結局維持された。私腹化は論外だが、コスト増との兼ね合いを見ながら監査システムを強化していくことが必要だ」

報道機関に届いた問題提起のメッセージはあくまでも一端に過ぎない。消防団にしろ、農業交付金にしろ、地域の「しきたり」に疑問を持っていても穏便に過ごせるならそれで良いという人もいるかもしれない。

取材が地域コミュニティーの平穏を奪っているのではないか、倫理・道徳的に正しいことであっても、当事者の不幸に繋がりかねないのではないかという疑念にも駆られた。それでも、伝えるべきと思うのはそこに私たちが納めた税金が関わっているからだ。

しかし、不正受給を受けて国から自治体に出される事務連絡の「通知・通達」は当事者の消防団員や農家からは見えず、非公表で出されている。厳密な運用定義はないが、通知・通達は行政が特定・不特定問わず人や団体に対して、特定の内容について決まり事の順守などを知らせるものだ。これらは公文書にもかかわらず、問題を内々で処理するための便利な「道具」として使われていると思えてならない。

行政の「事なかれ主義」によって弊害は生み出されている。農村社会が制度をうまく活用して持続可能な形にできるのか、それとも閉鎖的な農村社会として世代交代が進まず地域の担い手が途切れてしまうのか。その分岐点を迎えているにもかかわらず、本質的な議論を避けているように映る。時代に合った制度とし、交付金の給付方法のあり方を見つめ直すためにも、まずは正確な現状の把握とデータ収集が必要なのではないだろうか。

参考になるのが、同じ地方の話題だ。国土交通省の有識者会議は2022年、利用客が激減する地方鉄道の見直し基準をまとめた。かねてから、存続が危ぶまれている路線が多く、提言ではJRで1日1キロメートル当たりの平均旅客輸送人員数を示す「輸送密度」が「1000人未満」などであれば、存廃やバスなどへの代替手段を議論していくと示した。鉄道事業者と地方自治体の間に国が入って協議を進め、3年以内に議論を取りまとめる方針だ。

国は課題の洗い出しに必要なデータの提示を進める。国交省は人工知能（AI）を活用して客の乗車目的や頻度などの情報を収集するための予算を確保し、収集したデータを地域に提示し、議論に生かす構えだ。あくまでも方向性に過ぎず、モデルケースというには早いと思う。しかし、地方の問題でも地域や自治体任せにせず、「伴走支援」という形で国や都道府県が関与できることはいくらでもあるのではないだろうか。

地域任せで解決できる問題でもない。難題に足を踏み入れるのは億劫かもしれないが、公金が関わっている以上、地方で血税が搾取されている現状を変えられるのは行政しかない。

第5章

名ばかりのワイズスペンディング

――膨らむ防衛費と積み上がる基金

安倍、菅政権を経て２０２１年秋、岸田政権が発足した。感染者数の把握基準についての見直しや感染力の弱体化が進んできたものの、未だコロナ禍の収束の見通しは立たない。経済活動が再開され「ｗｉｔｈコロナ」の道を歩み出す中、依然として際限のない財政出動が続く。新たな政策を打ち出すにも財源が必要で、車に例えるならば財政はアクセルとブレーキの使い分けがカギになる。

しかし、財政出動を後押しするアクセルばかり踏み続けていないだろうか。岸田政権の予算編成では、過去最大の防衛費が計上され、基金という聞き慣れない手法を駆使した次なる「聖域化」も見えてきた。脱炭素やデジタル社会の実現を建前に、使われない事業に対して断続的に税金が投入される。霞が関官僚が唱える「ワイズスペンディング（賢い支出）」とは名ばかりか。後始末が私たち若者に課せられるのではないか。その実態を追った。

5・1　杜撰なコスト管理のまま防衛費は2倍に

規模ありきになっていないか

安倍元首相が参院選の遊説中に銃撃で命を落とし、大きな支柱を失った岸田政権は動揺が収まらず、世界平和統一家庭連合（旧統一教会）と自民党の関わりや国葬の賛否など事件の余波に翻弄された。局面打開に向けて着手した内閣改造・自民党役員人事を経て、混迷の続く政権はどこへ向かうのか。

「軽武装・経済重視」を伝統的に志向するハト派の宏池《こうち》会に属する岸田首相と、タカ派の代表格である清和会を仕切ってきた安倍氏。派閥の領袖として主張や立場の異なる2人によって形作られてきたパワーバランスは安倍氏の死去以降、徐々に変容しつつある。安倍氏の遺志を旗印に、積極財政の推進や防衛力強化を求める保守派の声は依然として強い。岸田首相にとって安倍氏は、財政政策などを巡って時に直言し、圧力をかけてくる煙たい存在だったが、納得すれば保守派の暴走を食い止めてくれる「防波堤」でもあった。

遡ると、安倍政権が打ち出した経済政策「アベノミクス」は、大規模な金融緩和、機動的な財政出動、成長戦略を「3本の矢」としたが、富を国民に行き渡らせる「トリクルダウン」は弱かったとの指摘もある。そのため、岸田政権の経済政策は、経済成長の恩恵を中間層に手厚く配分することで消費を盛り上げるほか、家計において教育費や住宅費の負担を軽くしたり、看護師や介護福祉士、保育士の所得を引き上げたりする施策を掲げたが、実現に向けた具体策は足踏みが続く。

安倍派の萩生田政調会長を中心に積極財政派が、財政出動を進めることでデフレ脱却、経済再生を図る必要があるとして歳出圧力が強まる中、「規模ありき」の経済対策を懸念する声は財務省から根強くある。新型コロナ対応で政府債務は膨らんでいて、岸田政権の掲げる分配政策を旗印に放漫財政につながらないか警戒感が高まっている。

「本当に必要な事業の積み上げで数十兆円規模になるなら分かるが、そうではなく見栄えありきになっている。次世代のためにワイズスペンディングを徹底する必要がある」

岸田政権の経済対策を例にある財務省幹部は力を込めてこう語った。

財政出動をアクセル、既存事業の見直しをブレーキに例えると、通常はアクセルを目いっぱい踏む時にブレーキのことを考えるのは当たり前だ。しかし、日本では「アクセルを踏む時にブレーキのことは口にするな」となっていないか――。そんな不安がよぎる。足元では金利が成長率より低いために財政赤字はさほど問題になっていないが、ひとたび短期金利が上昇することになれば日本銀行、政府ともに為す術はない。金利が上がり始めれば、国債の利払いが重荷となって財政はきつくなるうえ、投資も呼び込みにくくなる。

ワイズスペンディングを求める声は以前にも増して高まっているが、思った以上に進んでいない。かつて、「最強官庁」と呼ばれた財務省は、学校法人「森友学園」への国有地売却を巡る問題で、文書の改ざんや廃棄などが発覚。以前のような影響力を発揮できず、官邸、省庁ににらみをきかせられずにいる。

象徴的なのが長年、増額の要求をはねのけてきた防衛予算だ。

「防衛」は重いテーマで、私自身、戦争を経験したわけでもなく知見も持ち合わせていない。個人的な考えに過ぎないが、政治に優先順位があるとすれば、まずは平和、つまり防衛という認識ぐらいでしかなかった。取材を前に戦後の日本の成り立ちや歴史の重みを理解する必要があった。

一方で、防衛予算に対して増額一辺倒の風潮は、私も含めて多くの人が冷静な視座を持ち合わせていないような気がした。経済活動や民主主義に対する意識と比べると、平和が当然のように受け止められ、日本では自衛隊という言葉を口にするだけで軍国主義のレッテルを貼られるようなところもある。ウクライナ侵攻を踏まえ、米国頼りではなく、自力もしくは国際社会で連携して平和を守るという機運が高まっているとはいえ、防衛力の強化について賛成か反対かの二者択一論ではない問題提起が必要だと思った。

予算という観点からに過ぎないが、記者の迷いも含めて提示すべきではないかと思った。読み手にとっては些細なことだが、踏み出すには勇気が必要だった。

5年で防衛費を約2倍に

防衛費は２０２３年度の予算要求段階では上限を設けない「特例扱い」となった。戦後、初めてのことだ。岸田首相が22年6月に「防衛力を5年以内に抜本的に強化する」と明言したことが根拠となっているが、防衛費を除いたとしても、恒常的な予算の要求に上限を設けず、増額を前提とした措置というのは極めて異例だ。ロシアのウクライナ侵攻を受けて、北大西洋条約機構（ＮＡＴＯ）加盟諸国が対国内総生産（ＧＤＰ）比２％の国防予算確保を目指していることに足並みを合わせるため、日本政府も5年以内にＧＤＰ比２％の防衛費を目指すと示した。

理由は、安全保障を巡る環境の厳しさが増しているからだ。ロシアは国際社会の警告を無視してウクライナに侵攻した。海洋進出を強める中国は、２０２２年６月に３隻目の空母が進水。「台湾有事」も含め、実戦配備されれば空母の常時展開が可能になるとされ、日本が頼る米軍の優位性が揺らぐ恐れが出ている。核開発を続ける北朝鮮も、22年に入り新型ミサイルの実験を繰り返している。

中国が台湾近海で軍事演習を繰り返す中、ウクライナ危機の対応に追われる米国を東アジアにつなぎ留めるためにも同盟国として貢献を示す必要があり、岸田首相は５月に日米首脳会談でバイデン大統領に防衛費増額を表明した。

ＧＤＰ比２％という防衛費はどれほどの規模なのか。日本で防衛費とされているのは、防衛省が所管する自衛隊の経費が中心だ。２０２１年度は当初予算と補正予算を合わせて計６兆１０７８億円で、ＧＤＰ比は１・０９％。これまで防衛費は１％が目安とされており、それを踏まえた規模となっている。

一方、ＮＡＴＯの防衛費の定義は異なっており、領海警備など日本では海上保安庁が担当する分野の経費や国連平和維持活動の費用なども含んでいる。その定義に合わせると、日本

◆主要国の国防費（2021年度）

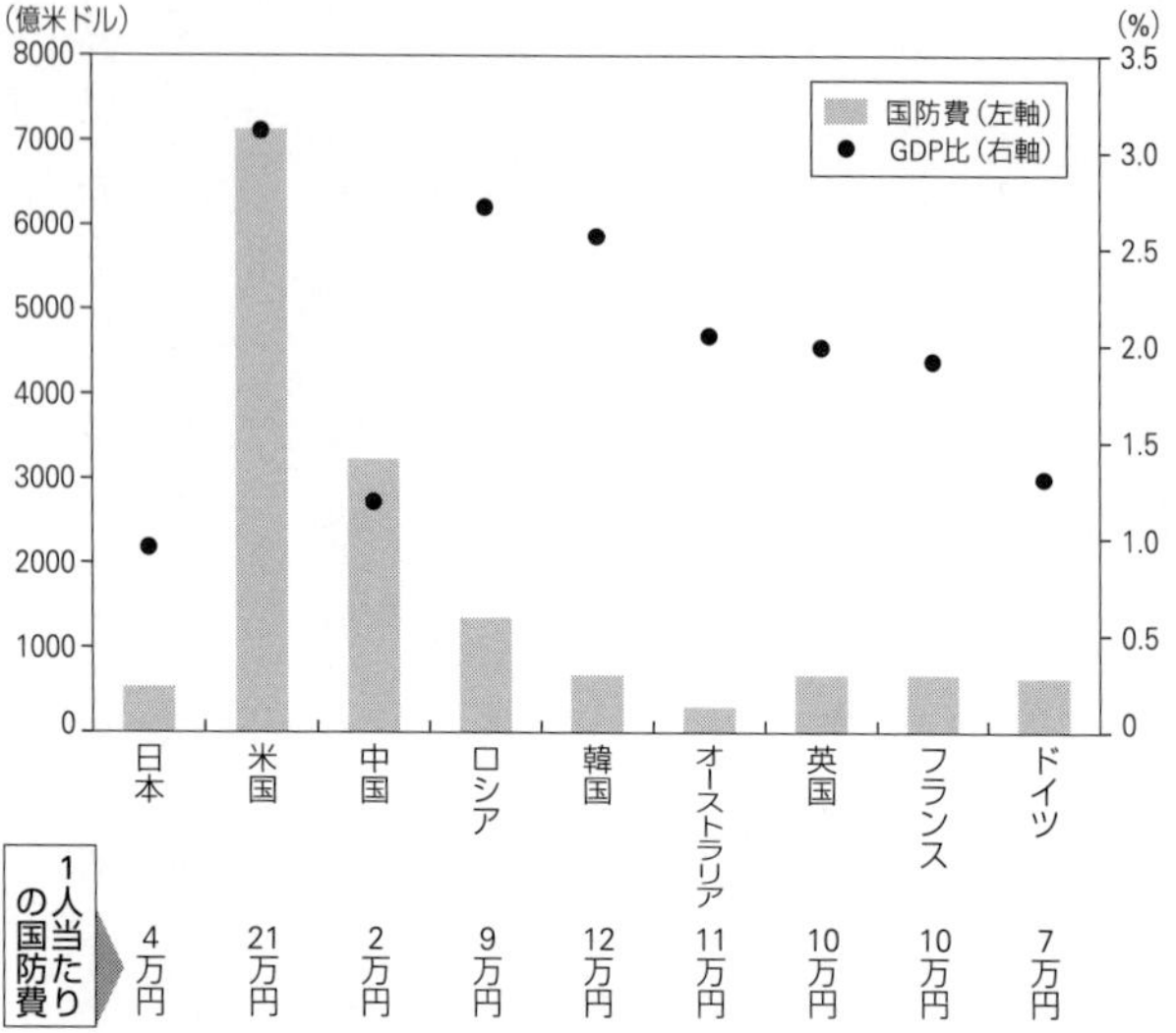

※2022年版防衛白書を基に作成。日本の金額は当初予算のみで補正予算は含まない。

の防衛費は約６兆９０００億円でＧＤＰ比は１・２４％だ。

政府や与党が目指す２％はこのＮＡＴＯの定義を基準にしていて、現在のＧＤＰに照らすと約11兆円とほぼ倍増することになる。これは、２年分の公共事業費に匹敵し、法人税の税収に迫る額（約13兆円、22年度当初予算ベース）だ。米国、中国に次いで３位の規模となる。

では、増額分の財源はどうするのか。日本の予算は、高齢化で年々増える社会保障費と借金の利払いに充てる国債費が歳出の５割超を占める。「固定費」の割合が高く、歳出を減らして捻出するには限界がある。歳出が削れなければ、増税か赤字国債の増発で賄うしかない。だが、日本の財政状況は先進国で最悪の水準だ。歳入の3割超を国債発行に頼っており、増える分の防衛費を全て国債で賄えば財政はさらに悪化する。慶應義塾大学の土居丈朗教授（財政学）は次のように話す。

「国債の返済は長期にわたる。大量の国債発行は市場を不安定化させる懸念があり、財源が国債頼みでは逆に有事の際に脆弱性が高まってしまう」

結局、建設国債と法人税引き上げなどの増税を軸に財源を確保することになった。しかし、その議論の過程では、防衛費の増額に対して既存の事業に見直すべきポイントがないか精査を求める声はあまり聞かれなかった。

ロシアによるウクライナ侵攻で、ウクライナは西側諸国に「weapon, weapon, weapon」と連呼し、日本も一定の先進国として支援を求められている。限られた予算の中、弾薬などの「継戦能力」に関わる装備と将来を見越した装備のバランスをどう考えるか――。中国の動きを視野に入れた場合、日本一国でなんとかなるものでもなく、米国頼みというわけにもいかない。日本の国力を考えると、国際的枠組みを超えた武器の相互融通が必要な時代に突入しつつある。ただ、そんな風潮を横目に現状の装備品の予算を紐解くと甘い管理体制が見えてきた。

約５割が上振れする装備品コスト

防衛省が重要な装備品として指定する航空機や護衛艦など26品目について、開発から管理、廃棄までの全体のコストを分析したところ、約5割に当たる14品目のコストが当初計画に比べて平均約20%上昇していた。契約後の仕様変更や国産開発計画の見通しの甘さが主な原因だった。「防衛力の抜本的強化」を図る前提としてコストが当初計画から膨張する構造にメスを入れる必要がありそうだった。

防衛省が開発から廃棄までにかかる全体の費用「ライフサイクルコスト（ＬＣＣ）」を算出している重要装備品26品目（総額約23兆円）について、直近の公表資料などをもとに分析した。２００８年から現在までの期間のコストが対象になる。

ＬＣＣが当初計画に比べて上昇したのは26品目のうち14品目。１機当たりの上昇率は、輸送機（Ｃ－２）：約１０４％、哨戒《しょうかい》機（Ｐ－１）：約68%、哨戒ヘリコプター（ＳＨ－60Ｋ）：約53%の順に高く、14品目の上昇率は平均約20%だった。

コスト上昇の要因を見ると、14品目のうち10品目は、維持管理や補修に必要な部品である

◆コストが上振れする主な重要装備品

名前	製造元	コスト
C-2輸送機	川崎重工業	432億円 → 882億円 **104%増加**
P-1哨戒機	川崎重工業	326億円 → 548億円 **68%増加**
SH-60K能力向上型	三菱重工業	86億円 → 132億円 **53%増加**
あわじ型掃海艦	ジャパンマリン ユナイテッド	86億円 → 132億円 **53%増加**
水陸両用車（AAVPA1）	BAEシステムズ	18億円 → 19億円 **6 %増加**

※防衛省のHPなどを基に作成。コストは一機当たりの試算。

「補用品」のコストが当初計画より増加していた。10品目の部品コストの上昇率は平均約38％に達し、最大は哨戒ヘリで当初計画の約３倍に膨らんでいた。

また、14品目のうち国産が10品目を占めた。一般的に製品が量産段階になるとコストは低下する。しかし、政府は防衛装備品の輸出に一定の制限をかけており、海外向けの量産は見込みにくいことから、コストが高止まりする傾向にある。さらに、調達契約を結んだ後に仕様変更が相次いだこともコスト上昇の要因になっていた。

防衛省は、重要な装備品のＬＣＣを毎年更新し、ＬＣＣが前回の見積もりから30％以上上昇すれば「計画見直し」、50％以上上昇すれば

「計画中止を検討」としている。防衛省の外局で、装備品の開発や調達を所管する防衛装備庁の担当者は、上昇率が高い装備品の調達計画について、「従来の見積もりが甘かった面は否めない。（見直しや中止も）甘んじて受けざるを得ない」と話している。

ただ、コストの査定がおざなりのままでは防衛予算は野放図に膨張しかねない。前述の土居丈朗教授は、次のように指摘する。

「国内防衛産業（市場規模約3兆円）を守るという大義名分から政府のコスト意識は低く、防衛装備品のコストが膨張しても罪悪感が少ないのではないか。『防衛力の抜本的強化』の方針は、割高な装備品の購入を認めたわけではない。政府、防衛省はより少ないコストでより効果的な装備を配備する発想を持つべきだ」

国産へのこだわりが仇に

防衛装備品のコストはなぜ当初計画から肥大化するのか。その根底には国産への強いこだわりがあった。

政府は国家戦略として「国内防衛技術の維持・強化」を掲げている。防衛装備品を他国に依存しすぎると、安全保障環境に見合った防衛力を主体的に構築することができなくなるとの理由だ。

ただ、国産の開発は効率的に進んでいるとはいい難い。その典型例が、航空自衛隊の輸送機「Ｃ－２」と海上自衛隊の哨戒機「Ｐ－１」の開発だ。

防衛省は２０１３年のＰ－１配備まで、米ロッキード製の対潜哨戒機をライセンス生産した「Ｐ－３Ｃ」を利用しており、国産化は長年の悲願だった。そこで、空自と海自はＰ－１とＣ－２を共同開発し、部品を共通化することでコストを抑える計画をスタートさせた。

ところが、機体のサイズが異なることなどを理由に共同開発は頓挫し、別々の計画に修正された。その結果、機体や部品の開発費が増大。開発から廃棄までの１機当たりのコストは前述の通りＰ－１が当初計画の約68％増、Ｃ－２は約１０４％増となった。

コストが膨れ上がった分、国内の防衛産業企業に落とされる利益が確保されるために評価されている部分もある。それでも、ある防衛省幹部は次の通り振り返る。

「コストが予想以上に上振れする懸念がありながら国産にこだわりすぎた。海外へ生産拠点を移すなど計画の見直しを真剣に議論すべきだった」

国産装備品を巡っては、搭載される海外製のエンジンや通信システムなど部品の中長期的なコストも不透明さが残る。というのも「純国産」で生産できるほど技術が確立できておらず、部品は海外から調達せざるを得ない。そのうえ、こうした輸入部品は勝手に仕様変更できないよう取り決めを交わされたり、性能向上を理由に一方的に価格改定を告げられたりする場合もあり、なかには使う工具まで指定されることもあるのだ。調達改革に向けた交渉は数カ月から数年単位に及び、交渉がまとまるとコスト減につながるが、難航すればコスト増を強いられるという。

象徴的だったのが、2021年秋に開かれた財務省の財政制度等審議会で指摘された内容で、陸上自衛隊の多用途ヘリコプター（UH－60JA）の水平尾翼の部品コストが当初計画より最大918％上昇したことが報告されている。

「防衛省内で価格の妥当性を検証する体制が不十分。財務省が指摘するまで部品ごとのデータベースでコストを把握する仕組みさえなかった」

財務省幹部はこのようにコスト管理の甘さを指摘した。

アジア太平洋地域で中国が軍事的に台頭し、北朝鮮が弾道ミサイルの発射実験を繰り返す中、日本の防衛政策は従来の「専守防衛」から大きく転換しようとしている。ところが、装備品の開発計画やコスト管理は不十分なうえ、調達方針に一貫性が見えてこない。企業側からすると、事業に対する「予見性」が見えてこないため、コマツや島津製作所など大手企業でさえも防衛産業からの撤退や事業中断を表明・検討している。

岸田首相は「防衛力の抜本的強化」の柱として、相手のミサイル発射拠点などをたたく「敵基地攻撃能力」を保有することで、日本への攻撃を抑止する方針を掲げた。自民党は、先制攻撃が可能なイメージを拭うため、敵基地攻撃能力を「反撃能力」と言い換え、２０２２年末に改定した政府の「国家安全保障戦略」に反撃能力の保有を盛り込んだ。

ただ、すでに反撃能力を意識した防衛関連費は増加している。

例えば、陸上自衛隊が運用する国産の対艦ミサイル「12式地対艦誘導弾」の改良型の開発プロジェクトは、射程を現在の約２００キロメートルから約１０００キロメートルに延伸する目標で、事実上、対地上攻撃も視野に入る。

防衛省は２０２３年度予算にこの誘導弾の開発・量産費として１２７７億円を計上。研究開発と並行して量産を開始するという異例の計画を盛り込んだ。試作品の開発は２０２６年度に完了する計画だが、未だに「誘導弾」の１基当たりのコストは示されておらず、運用段階に入った後のコストには不透明な部分が多い。

「標的」を狙う技術の確立が難航しているため、政府は12式の開発は継続しつつ、先行して市場に出回る海外製品を購入する方針を決めた。「台湾有事」に備えることが理由だが、余分な国民負担を強いられる。財務省幹部は「日本は『専守防衛』のもと、対地攻撃型ミサイルを開発したことがない。改良型の必要性についての説明や、開発コストの情報開示が不十分ではないか」と懸念を示す。

共同開発という解決策はあるが……

防衛費の膨張を抑えながら、防衛力を維持・強化するにはどうすればいいのか。その一つの手法が国際共同開発といわれている。

例えば、開発コストが数兆円規模とされる次期戦闘機（ＦＸ）は英国、イタリアと共同で進める。空自の主力戦闘機「Ｆ－２」の退役を見込む２０３５年頃からの配備を目指し、現有Ｆ－２と同水準である90機前後の導入も想定される。一方、英国は「ユーロファイター」後継機の国際共同開発に乗り出しており、日英伊の協力により技術とコスト両面で相乗効果を期待。将来的に海外への売り込みも視野に入れる。

しかし、戦闘機はエンジンやセンサーなどの部品性能が優れていても、戦闘機全体のシステムが連動しない限り高い能力が発揮できないのが通例で、日本は個々の部品を組み合わせて運用するノウハウが極めて乏しい。このノウハウがあまりにも確立できないため、業界からは「死の谷」と呼ぶ声さえ上がるほどだ。共同開発であっても、日本優位で契約がまとまるかは不透明で、ハードルが高いのが実情だ。

　これまで日本は主力戦闘機の多くを米国から調達してきたが、軍事先進国である米国の高性能装備品を購入できる代わりに価格は事実上の「言い値」になりがちで、コストの不透明さがたびたび指摘されている。

　反撃能力保有や戦闘機の共同開発――。防衛装備品を巡っては今後、大型プロジェクトが目白押しだ。ただ、中長期的な開発・調達計画が杜撰なまま新たな装備品に予算をつぎ込めば、防衛予算は膨張し、財政悪化に拍車をかけかねない。防衛省も念願の予算増を勝ち取れたが、すでに成果に結びつけられるか不安に駆られている。

　どうすれば、より適切にコスト管理ができるのか。その一つの手法になりそうなのが「コスト管理責任の明確化」だ。例えば、米国では国防予算のコストが一定の基準を超えた場合、計画を継続するには議会の承認が必要となる。一方、日本では防衛相が計画の中止命令権を持つが、自動継続が慣例となっており、予算の管理体制やチェック機能に雲泥の差がある。

「当初計画でのコスト抑制だけでなく、開発や運用段階のコスト改革にも取り組む必要がある。コストが上振れした場合、国か民間企業なのか責任の所在を契約段階で明記しておくことが解決策につながるのではないか。また、コストを下げたり納期を早めたりした場合に企業に奨励金を支払うなど、コスト削減にメリットがある仕組みを導入するのも一つの方法かもしれない」

土居教授はこう指摘している。

主な装備品のコスト管理が甘いまま、中国への警戒感の高まりを受けて、日本の安全保障政策を大きく転換していいのか。さらに、こうした装備品の調達方法を紐解くと、随意契約が大半であることが見えてきた。前述の政府関係者は次のような危機感も示す。

「『言い値』と言ったら失礼ですけど、防衛省自体も国内外の調達先からいくらと言われても、その妥当性が検証できない状態になっています。こうした装備品の大半は日本独自の仕様で作り続けていて、海外に売れないし、価格評価もできない傾向にあるんです。踏み込んだ議論ができなくなってしまっている」

また、戦車や航空機といった正面装備品の強化はもちろん必要だが、共同開発では他国からのサイバー攻撃への対処に注力すべきという声もある。機密性の高い開発情報を守るための支援策強化は必須だ。ＮＥＣや三菱電機に対する近年の攻撃では、防衛に関わる情報が漏れた可能性が指摘されている。イスラエルのセキュリティー会社「ＫＥＬＡ（ケラ）」の日本法人担当者は、次のように指摘する。

「日本政府、企業は自前主義へのこだわりが強いのかレベルは決して高いとはいえない。サイバー攻撃は痕跡が極めて残らないので被害に遭っても実態がつかみにくい。仮に共同開発情報が漏れた場合、相手国だけにとどまらず、国際的な信用を失いやすくなる。情報戦も加えた『ハイブリッド戦争』が主流となる中、サイバー攻撃に対する官民の連携や予算配分を強化していく必要がある」

無人機開発は青天井

こうした予算管理に対する甘さを指摘する声が高まり続ける中、国際社会の潮流は無人機開発へ注力する傾向が強まっている。

「無人機開発に予算を回す」

大ヒット映画『トップガン　マーヴェリック』（２０２２）の冒頭で、米俳優のトム・クルーズさんが演じた米海軍の伝説的パイロット、マーヴェリックが教官として養成学校に戻る前に海軍准尉からこう伝えられる場面がある。実は現実と遠くない部分もあり、ウクライナ戦争では無人機が国家の命運を分けるほどの存在となったことで、各国が開発計画を加速させている。この分野の開発において日本は圧倒的に遅れている。

映画は36年前に公開されたものの続編で、今回はウラン濃縮施設を破壊するため、若い世代と前代未聞の軍事作戦に挑むストーリーだ。米海軍の全面協力のもと、本物のＦ-14戦闘機を使って撮影された。架空の核施設周辺には謎の「極超音速兵器」が無数に配備され、有人機が追い詰められるシーンでは次世代無人兵器の台頭を鮮明に印象づけた。劇中では、昇進を拒み現場にこだわる戦闘機パイロットのマーヴェリックに対して、海軍少将が「君たちのようなパイロットは絶滅する」と告げる場面もある。

日本は戦後、訓練用や偵察機を中心に無人機開発を進め、標的機を所持する程度にとどめてきた背景がある。今後も有人機は必要で、ある防衛省幹部は、「電波妨害が起きた場合、（有人機）ゼロはあり得ない」と断言する。しかし、ウクライナが軍事大国のロシアとの戦闘で航空機などの無人機を活用して成果を挙げたことで、有用性を評価する声が高まっていて、「風向きが変わりつつある」（同幹部）ともいう。

一方で、世界的な無人兵器開発の主流は映画でも登場した「極超音速兵器」だ。無人かつマッハ５（約６０００キロメートル／時）超で飛ぶ弾道ミサイルの開発を巡って各国がしのぎを削っている。レーダーに探知されにくく、「1発当たりの採算ラインは約5億円」（政府関係者）ともいわれている。

12式と同様、極超も標的を捉える「ターゲティング」の確立が難しく、米国でさえも実用化に至っていない。米国の開発投資額は、「累計3兆〜4兆円以上ではないか」（財務省幹部）と分析されている。北朝鮮が相次いで発射するミサイルも「自称」極超音速兵器だ。他方で、２０２２年3月にはロシアが世界で初めて極超音速ミサイル「キンジャール」を実戦に投入。中国も開発に成功したといわれている。

各国が無人機・無人兵器開発にしのぎを削る中、日本も無人偵察機「グローバルホーク」を重要装備品に指定。しかし、開発から廃棄までのコストは当初計画の約10％増の３５６７億円（3機分）と上振れが続く。

加えて、日本政府は米国製の巡航ミサイル「トマホーク」の購入を米政府に打診した。トマホークは米国の主力精密誘導型の巡航ミサイルで、射程は１２５０キロメートル以上。全地球測位システム（ＧＰＳ）衛星の位置情報などを使ってピンポイントで目標を破壊するミサイルで、１９９１年の湾岸戦争で実戦投入されて以降、数々の実戦で用いられ、高性能ぶりを発揮している。反撃能力に該当する兵器で、国産化と海外調達の両輪で「台湾有事」に備える狙いがある。

防衛省は国産化の極超音速ミサイルの研究開発費について約２０００億円と試算しているが、政府から納期の前倒しを求められていて、予算は上振れする可能性が高い。そのうえ、トマホークの購入費もかさむため、想定以上に国民負担が重くなる見通しだ。

また、極超音速ミサイルについては、海外との共同開発を進めるにしても、すでに米英豪による枠組みがある中で、追加的に参入させてもらうにはハードルが非常に高い。防衛省幹部は「日本にしかない部品や素材の技術、競争力の確立が必要になる。現状だと、炭素繊維やロケットモーター技術の提供が考えられる」と言い、タダ乗りが通用するほど甘くないという。

国債発行という最終手段の前に

無人機の開発はどうだろうか。有人機やミサイル同様、国産化を進めるにも日本の無人機は航空自衛隊が「滞空型無人航空機」の開発に向けた試験的運用実験に約47億円を投じるなど計約３０００億円（２０２２年度当初の防衛予算の約５％）を計上した程度で、ある財務省幹部は、「国内に無人機の開発ノウハウはほとんどない」とこぼす。さらに「中国を念頭に置いた牽制能力として期待できる無人兵器が乏しい」（専門家）と指摘される中、開発が先行する米国から無人航空機「ヴァルキリー」などの調達を模索しても、型落ちの無人機や「逆に有人機を買わされる」（政府関係者）のが実情だという。

こうした状況から、この政府関係者は国産無人機の開発に関して、「米国でも確立途中の技術を防衛省がコストを抑えながら実用化できるとは思えない。研究開発が青天井に膨らみかねない」と懸念を示した。

無人機はデュアル・ユース（軍民どちらにも適用できる技術）で進めるべきと指摘する声もある。ただ、そもそもの課題は、諸外国は日本の情報管理の甘さに対する懸念が強く、たとえ型落ちの購入であっても難色を示されることだ。ある防衛省ＯＢは「共同開発を含めて、情報管理が全てのボトルネックになっている」と指摘する。

こうした理由から、欧米からは先端技術の流出を防ぐため、重要な情報を取り扱う資格「セキュリティー・クリアランス（適格性評価）」の法整備を求める声も高まっている。高市経済安保担当相は経済安保推進法の改定で有資格の制度化を進めることについて、「速やかに検討していくべき」との構えだ。一方、資格取得の際に民間人の個人情報も調べられることから、経済界や公明党が難色を示していて議論は停滞している。さらに物言わぬ無人機が暴走する怖さもゼロとはいい切れず、ある政府関係者からは、「無人兵器が本当に有用なのか正直分からない」と本音が漏れる。

政府には将来に向けて何に準備して注力するかという構想力も求められているが、今後の計画の透明性をどう担保するかという視点が忘れられているようでならない。それでも、有人・無人機問わず、日本の防衛産業における調達・契約改革が必須であることは、防衛省の担当者自身も強く認めている。防衛費強化ばかりが注目されているが、現行の調達改革と両輪で進めてもらいたい。ある幹部はこんなことをこぼした。

「我々にも責任があって、とにかく契約締結にこぎつけることしか考えていない。すると、下請け企業は赤字で、雇用を維持するための仕事でしかならない。結局、（採算ラインぎりぎりで受注しても）企業の意欲がそがれてしまうため、追加経費を巡る交渉が難航してしまうんです。こうした事実を分かりながら、我々はどうにかこうにか予算の枠にはめ込もうとしている側面を改めなければいけない」

契約通りの価格や期日で納品された場合、インセンティブを設ける取り組みは民間企業同士の契約であり、例えば原子力発電所の再稼働に向けた工事では、工期、価格ともに契約通り完了すれば、あらかじめ取り決めていた一定の額が支給される場合もあるという。こうした取り組みは肥大化する予算に対して一定の抑止力を発揮するのではないだろうか。

防衛費強化のために赤字国債の発行を求める声もあるが、第二次世界大戦では戦費調達に大量の戦時国債が使われた教訓を忘れてはいけない。戦時中は税収が大きく落ち込み、財政赤字が拡大。市場から新たに資金を調達しにくくなった日本は、国債を中央銀行に引き受けさせる形で赤字分の資金を国債で調達。結果、戦後にモノと通貨量のバランスが大きく崩れ、ハイパーインフレが発生した。防衛費の増額はこうした危うさもはらんでいる。

巨額の借金を抱える政府の財政は、すでに大きなリスクが常につきまとっている。歳出改革を示さずに進める増税・赤字国債の発行は筋が通らない。

5・2　高く積み上がる野ざらしの基金

僅か4%

ワイズスペンディングが形骸化しているのは防衛費に限った話ではない。

近年、ある「抜け道」が多用され始めている。それが「基金」だ。今、複数年度にわたっ

◆各省庁の保有基金数

2020年度末時点

内閣府	36
（臨時交付金）	309
文部科学省	116
経済産業省	136
防衛省	215
消費者庁	12
厚生労働省	354
国土交通省	43
復興庁	114
農林水産省	327
環境省	69
公益法人など	175
計	**1906**

※防衛省のHPを基に作成。

て実施していく事業の予算を積み上げる政府の基金が乱立。公益法人や地方公共団体に設けられた基金の数は計１９００超に上る。

政府は成長と分配の両立に向けた産業構造の転換を喫緊の課題とする。しかし、税金が投入された事業を見ていくと、緊急性が高いのか疑問を持つ事業が出てくる。この基金事業については、予算の執行率が１桁にとどまる事業も存在し、財政の専門家の目から見てもあきれられるほどだ。政策目的を果たせずに滞留する税金の根源となっている。

「４％」。マイナンバーカードを健康保険証として利用するために、病院や診療所、調剤薬局のシステム整備を後押しする事業に使う厚生労働省の「医療情報化支援基金」（事業額１０６８億円、２０２０年度末時点）の執行率だ。事業のスタートは２０１９年度。顔認証付きのカードリーダーを導入する場合、機器の無償提供に加えて１台当たり最大１０５万円（もしくは事業額の半分）を補助する仕組みだが、使われた予算は僅か44億円（20年度末時点）にとどまっていた。

マイナンバーカードそのものの普及率も伸び悩んでおり、２０２２年12月時点で60・１％。菅前政権下では、薬局を含めた「全て」の医療機関で顔認証付きカードリーダーを２０２３年度中に導入する目標を掲げたが、病院などでの導入率は約４割（２０２２年12月時点）。３割弱が必要なシステムを目標期間までに導入できない見通しで、厚労省はマイナ保険証を受け付ける医療機関への診療報酬の加算を23年４月に拡充する。政府の見通しの甘さで患者がしわ寄せを食うことになりそうだ。

国民が置き去りのマイナ保険証

マイナ保険証を巡っては２０２２年秋に、現在の健康保険証を２０２４年秋に廃止し、マイナンバーカードと一体化すると発表した。主導したのは河野デジタル相だ。事実上のマイナンバーカード取得の義務化で、一般の国民にとって唐突感は否めない。なりふり構わず予算を投入してきたものの、取得が伸び悩んでいて、後に引けない状態となっている。

遅れている医療分野のデジタル化を後押しするというのが一体化の理由だ。ただ、河野氏の周辺から漏れる言葉をたどると、強引さと危うさを感じかねない。

「バカなことというな。何が必要かを考えて持ってこい」

河野氏は、デジタル庁の職員が「（指示や政策の実現が）難しい」と報告するたびにそう発破をかけているという。

政府はカードの取得者に最大２万円分のポイントを付与する「マイナポイント」を実施。当然、予算もかかっているが、関係者によると、河野氏はポイントの効果に懐疑的で、政策として「邪道」と批判しているという。

マイナンバーカードを普及させるにはどうすべきか。そこで河野氏が目をつけたのが、マイナンバーカードと保険証を一体化した「マイナ保険証」だ。

「まずは国民が（カード所有者向けサイトの）マイナポータルにつながりさえすればよい。（システム整備が間に合わないなら）処理するのは人間でもいいんだ」

河野氏はそう檄《げき》を飛ばし、時には庁内のオープンスペースに出向いて職員と議論。

「（目標達成が）できないなら早く言え」と尻をたたいたという。

なぜ、河野氏はそれほどまでにマイナンバーカードの普及に熱心なのか。

河野氏は、Twitterで２６６万人超のフォロワー（２０２２年12月時点）を持つなどデジタルツールを駆使していることで知られる。行政のデジタル化推進にも熱心で、菅政権で行政改革担当相を務めた際には行政手続きの「脱ハンコ」を進めた。

関係者によると、菅政権で新型コロナのワクチン担当相を兼務したが、在任中にマイナンバーカードを使ったワクチン接種証明書のデジタル化が進まなかったことに「忸怩たる思いがあった」（関係者）という。

「大臣はマイナ保険証への切り替えの時期をもっと早めたかった」（デジタル庁幹部）というが、システム整備や法改正に必要な期限を勘案して、最も早くできる時期として「24年秋」と決めた。河野氏は記者会見で、「転職や就職、退職などのたびに保険証を切り替えなければいけないが、それが不要になる」と強調。マイナ保険証には薬の処方歴なども記録できるため「利便性が高まる」とアピールした。

だが、マイナンバーに対する国民の懸念が置き去りにされている感は否めない。

デジタル庁の調査によると、国民がカードを取得しない理由の１位は「情報流出が怖いから」（35・２％）だ。河野氏の指示の言葉をたどると、不安を覚える人も少なくないはずだ。

政府は、保険証だけでなくマイナンバーカードに公的給付金の受取口座を登録するよう促しており、将来的には税務情報なども連動させたい考えだ。さらに、経済界はマイナンバーカードの認証システムをオンラインショッピングなどで転用できないか検討を求めている。用途拡大が想定される中、健康や金融資産という重要な個人情報がどう取り扱われるのか懸念は拭えない。

高齢者や社会的弱者への対応策も見えない。「マイナンバーカードを使うことができないという方々にどのように使って頂くか、これからしっかり詰めていく」。河野氏はこう言うが、マイナ保険証を取得できず、医療から取り残される人々が出る恐れはある。

ニーズはないのに……

「医療情報化支援基金」の執行率が４％にとどまる理由はさまざまだが、単に補助金をつければ取得が進むものではない。ポイント付与やセキュリティー対策にしろ、政策に連動性を欠いているのは否めない。基金事業で予算を積むと、医療のデジタル化やマイナンバーカードの普及が絡む事業はほかにあるにもかかわらず、基金分の見直しや改善点の洗い出しがおろそかになる。

それに、政府の「思惑」がはらんだ事業にこそ、基金が使われがちになっている。政府内は右往左往しているにもかかわらず、マイナ保険証の普及に向けた目標は揺るがない。達成に向けて、２０２２年度当初予算に新たに７３５億円を追加計上。

「コロナ禍に加え、半導体の供給不足が重なったことが執行率の低い要因だ。申請数も増えてきている」

厚労省の担当者はこう必要な予算措置であることを強調するが、視点は「面」ではなく「点」でしかない。複数の省庁がまたがる政策とあって、他省庁への気遣いなのか、話しぶりはどこか不安げだった。

一方で、宮城県の総合病院に勤める内科医の男性は「現場は特に困っていないし、『政策誘導』の意味合いが強すぎる」と言い切り、続けてこう指摘した。

「システムを導入すれば診療報酬費が僅か数十円とはいえ、一時的に上がることもあったので患者が混乱しかねない」

デジタル化を後押しする制度としては、経済産業省の「ＩＴ導入補助金」（事業額４０００億円）などもある。ＩＴ機器を導入する際、最大で４５０万円を補助する制度だが、大手医療機器メーカーの営業担当者は、「ニーズに基づいた政策というより、省庁間で予算を奪い合っているようにしか見えない」と断言した。オンラインの本人確認システムを商品化しているリコージャパンの担当者も次のように指摘する。

「補助金を使って導入するにしても数十万円程度の医療機関の持ち出しがある。半導体不足というよりも、政府が有効な需要喚起策を打ち出せていないことが事業の執行・導入率の伸び悩みにつながっている」

民間企業や医療現場は冷静に事業を見極めていた。ニーズと合致していないことは明らかだ。ただ、政策のビジョンが見えにくかったり、実行性が伴わなかったりするにもかかわらず、軌道修正は遅れがちになる。結局、マイナンバーカード取得の実質義務化に踏み切らざるを得なかった。

放置される8・3兆円

基金は本来、必要額が見込みにくい事業のために設置されるものだ。その年度の支出（歳出）はその年度の収入（歳入）で賄う「単年度主義」に基づく一般会計予算と異なり、複数年度にわたって柔軟に資金を拠出できるメリットがある。

一方で、基金は国会によるチェック機能が働きにくい。その年に必要な事業を計上する一般会計予算の審議が優先されるためだ。ニーズが変化しても単年度予算のように毎年見直しが行われるわけではないため、制度設計もアバウトになる傾向があるように思える。

◆監視が甘くなる基金予算

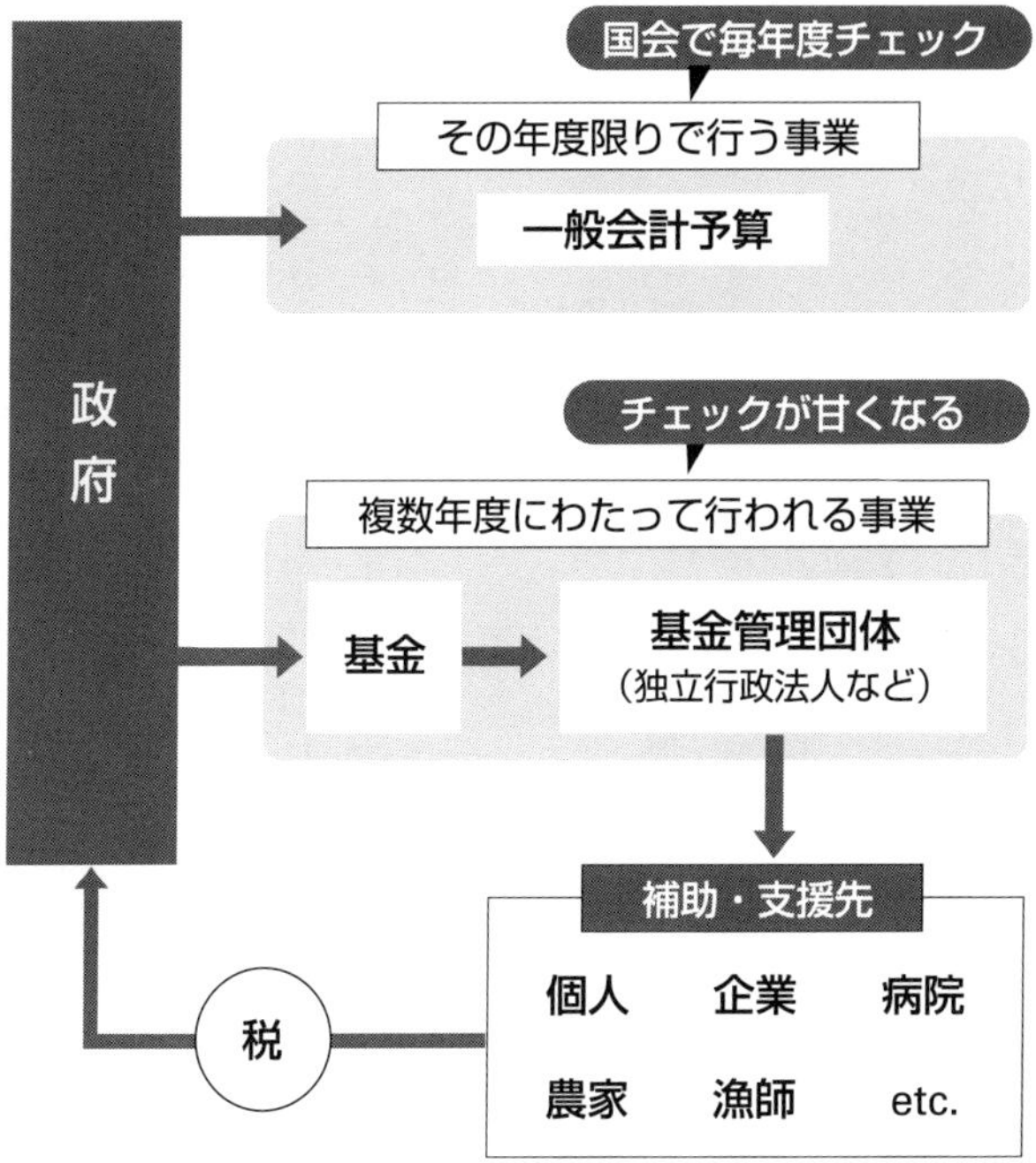

※筆者作成。

そのため、基金は「予算執行の例外」とされてきたが、２００８年のリーマン・ショックや２０１１年の東日本大震災などの経済危機をきっかけに急増。経済対策が効果を発揮するまでのタイムラグが考慮され、複数年度を視野に入れた予算措置が求められるようになったためだ。

リーマン・ショック後の２００９年度補正予算の国会審議では、基金を多用した予算措置が問題視されたが、それでもその数は46（新規設置は30）だった。当時の地方を含めた基金設置団体数の把握が困難なため、単純比較はできないが、現在の基金の数は桁違いの多さといえる。

白鷗《はくおう》大学の藤井亮二教授（予算制度）の研究室によると、２０１４年度補正予算以降に編成された予算では、少なくとも95事業で15兆５５６０億円の公金が基金に投入されてきた。

新型コロナ感染が広がった２０２０～21年度に投入された基金はこのうち、12兆８０００億円。２０１９年度までは３年連続で基金の予算が１兆円を下回り減少傾向にあったが、２０１８～19年度と比較して７倍へと膨張した。

省庁別では、経産省が最も多く、約７兆２０００億円。厚労省（約２兆７０００億円）、農林水産省（約９０００億円）と続き、当初予算と比べて査定の期間が短い補正予算で計上された基金が約6割を占める。このうち、使われずに積まれたままの状態となっている基金の残高は２０２０年度末時点で約８・３兆円だ。毎年のように赤字国債を発行し、社会保障費が膨らみ続けるにもかかわらず、これだけの予算が漫然と積まれて野放しになっている。

このまま緩めば合法的な裏金にも

基金は積極的な財政出動を政治的メッセージとして発信する際に使われる傾向にあり、時の政権の看板政策や経済対策の規模を大きく見せたい時に使われがちだ。欧米に比べて「Too little Too Late（少なすぎる、遅すぎる）」との批判を浴びたコロナ禍の各種政策でも基金の新設が相次いだ。

コロナ禍で売り上げが減った企業に実質無利子・無担保で融資する制度に必要な予算も基金に積まれている（第3章参照）。返済が滞っても、元本の8割か全額を政府の財源を裏づけとした信用保証協会が肩代わりし、各都道府県が利子補給する制度だが、この利子補給の原資を確保するために自治体に設立された基金は計３０９に上り、「地方創生臨時交付金」などから計１５３８億円が積まれている。しかし、その執行率は約１％（20年度末時点）だ。内閣府の担当者は「融資期間が長期にわたるため基金を設立した」と説明するが、足元の執行状況を尋ねると、「正確に把握できていない」と漏らした。

他にも、経産省の「グリーンイノベーション基金」（２兆円）や厚労省の「ワクチン生産体制等緊急整備基金」（２５７７億円）、文部科学省の「東京オリンピック・パラリンピック開催準備基金（感染症対策）」（５６０億円）などが、コロナ禍で新たにできた基金の代表的な事例として挙がる。参院予算委員会で調査室長も務めた藤井教授はこう批判した。

「規模が決まった後に詳細を詰める傾向が少なからずあるのではないか。本当に必要な額がいくらなのか、正当なのかが問いにくくなっている。公金の無駄遣いにつながる恐れもある」

基金の乱立については政府も問題意識を持ってきた。２００６年には、設置済みの基金について、原則２０１５年度末を超えない範囲内で基金事業の終了時期を設定することを閣議決定した。それでも、基金の増加に歯止めはかかっていない。「一般会計予算の平均執行率は８～９割」（内閣府幹部）とされる中、低調な利用状況にとどまる基金事業は他にも次のようなものがある。

・電気自動車の充電設備整備：執行率約２割

・ニートなどの就労支援：同約２割
・中小企業におけるポリ塩化ビフェニール（ＰＣＢ）廃棄物処理：同約６割

などがある。また、岸田首相は２０２３年度に発足する「こども家庭庁」を中心に子ども関連予算を倍増したいとの考えを示しているが、ここでも関連の基金事業の執行率が低くとどまっている。子どもの人口自体が減少している中、こうした基金も倍増するのか注目されている。

岸田首相は国会審議などで基金について、こう強調した。

「目的を吟味したうえ、基金の立ち上げを考えなければいけない。国民から理解される使い方をしていく、透明性を高めていく努力は重要だ」

２０２２年度からは、単年度の事業費が10億円を超える場合は四半期ごとに支出状況や残高を公表することにしている。財務省幹部は「これまで基金のチェックは会計検査院や行政事業レビュー頼みだった」と話し、著しく成果が低い場合は予算の削減も検討する構えを見せる。

ただ、一時的なチェックは事業を所管する省庁任せになるため、どこまで基金の見直しにつながるかは不透明だ。それに加え、基金全体でどれだけの額がつぎ込まれてきたかは財政当局でさえつかめずにいる。岸田政権が注力する経済安全保障などの分野でも基金が活用されていることもあり、別の幹部は「基金新設の抑制までは踏み込み切れないだろう」との見方だ。

「（医療情報化支援基金のような）執行率４％はあまりに低く、基金の必要性や規模、効果の検証が十分されていない証しではないか。このまま基金が膨らみ続ければ財政規律は緩み、『合法的な裏金』が増えることになる。基金の基本的なルールを法制度化することが急務だ」

チェック体制の緩い基金について、元会計検査院局長の有川博・日本大学客員教授はこう話す。例えば、一律に5年というように基金の設置期限を区切り、その時点で所管省庁の責任で総ざらいし、サンセット方式（補助制度等について、あらかじめ制度の終期を条例や規則、要綱等で明示しておくこと）で見直す。こうした荒療治をしなければいけない時期にさしかかっているのではないだろうか。

夢の自動車でも予算余り

重点政策ほど思ったように政策誘導が進まず、予算が余ったり当然のように翌年度の予算に繰り越しになったりしている。それは前述の基金に限った話ではない。一例だが、「地球温暖化につながる温室効果ガス（CO_2など）の排出量を実質ゼロにする」というカーボンニュートラル（脱炭素）の取り組みを掘り下げてみたい。予算の執行状況を見ると、政府の迷走ぶりや政策のズレが浮き彫りになる。

　夢の自動車ともいわれ、走行時に温室効果ガスを排出せずにエネルギー効率も高い、水素で走る燃料電池車（ＦＣＶ）。ガソリンに代わる次世代環境車の切り札として期待されているが、肝心の水素燃料補給所の普及は進んでいない。整備を後押しする補助事業も予算が使われないほど低調。それでも、投じられる予算額は毎年のように拡大している。

　東京都内にあるＥＮＥＯＳ（エネオス）の水素ステーションに足を運んでみた。ＦＣＶの燃料となる水素の補給所だ。首都圏の一等地かつ幹線道路沿いにもかかわらず、平日の午後5時から2時間、訪れた車はトヨタのＦＣＶ「ＭＩＲＡＩ（ミライ）」が1台のみだった。

　水素ステーションは全国に１６１カ所ある（２０２２年9月時点）。ＥＮＥＯＳはその約３割に相当する47カ所を設置していて、業界首位だ。都心部を中心に普及を進めている。

　ただ、今は採算が取れる状況にないようだ。初期投資には一般的な給油所の5倍近い約5億円を費やすほか、定期修理や検査、国家資格を持つスタッフの配置などで管理費もかさむ。

こうした状況に対して、ＥＮＥＯＳの水素事業推進部長は、「水素の活用が進むことを前提とした、未来を見据えた先行投資だ」と話す。

世界では、電気自動車（ＥＶ）が次世代車の主役の地位を固めつつあるが、政府の成長戦略では水素を「カーボンニュートラルのキーテクノロジー」と位置づけ、２０３０年までに水素ステーションを現在の６倍以上となる１０００基に、ＦＣＶを「80万台程度」に増やすとしている。ただ、国内を走るＦＣＶ（商用車を除く）は２０２０年度末時点で僅か５１７０台。「20年までに約４万台」という政府目標も未達成に終わっていて、業界からは「目標が野心的すぎる」との声も出る。

水素ステーションの設置補助事業が始まったのは２０１３年だ。補助事業では、水素ステーションの初期投資時に最大３億９０００万円（もしくは最大で事業費の３分の２）を、維持・管理費に年最大２２００万円をそれぞれ支給する。

だが、予算の執行状況を示す政府のレビューシートによると、支給額を計上された累計予算で割ることで算出される執行率は２０１５年度の89％をピークに83％（18年度）、68％（19年度）、53％（20年度）と下がっている。毎年のように余る予算が増え、翌年度に繰り越した額は18億円（18年度）に達した。それでも22年度予算の編成作業では今年度当初予算と同じ

◆水素ステーション補助金の予算額と執行率

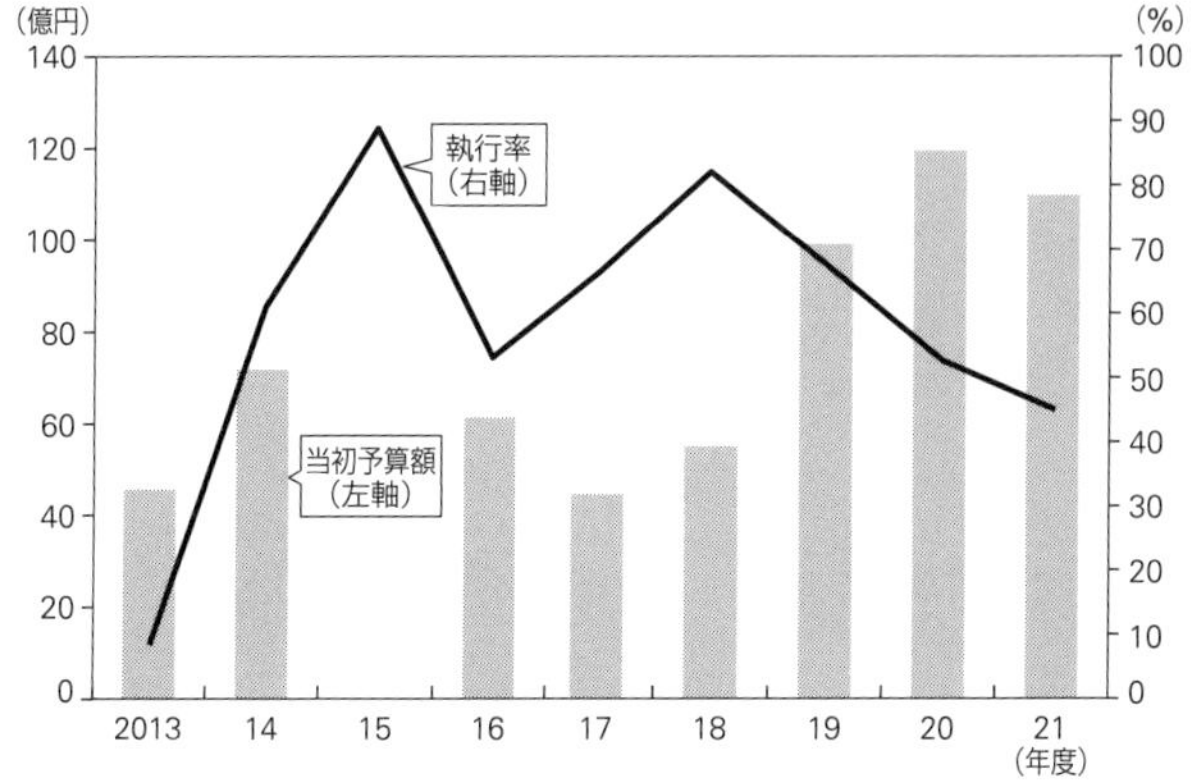

※15年度は前年度からの繰越が130億円超であるためか、当初予算が０となっている。
※経済産業省の事業レビューシートを基に作成。

規模で概算要求されていた。

多年度にわたる政策に必要な予算は、財務省の厳しい査定によって毎年の額を決めていくが、執行率が悪くなると次年度以降に減額されることが多い。実際、執行率が悪いＥＶ向けの整備補助金は前年の６割程度に減額された年もある。

財政法上、国の予算は次の年度に繰り越さないのが原則だ。会計検査院も「その年度内に使用されるべきだ」と指摘する。ある財務官僚は、この水素ステーション設置補助事業に対して「真面目に査定すれば、減額しなければいけない政策だ」と語った。一方、補助事業を所管する経済産業省の担当者は「脱炭素市場の技術競争が正念場を迎える中、国際社会で『周回遅れ』につながりかねない」と話し、予算が減額になれば競争力を失いかねないと主張。それでも、公共調達に詳しい上智大学の楠茂樹教授は、「執行計画が甘くないか検証が必要で、脱炭素化社会の実現に向けた目標が足かせとなって、予算査定の公正さが失われている可能性がある」と指摘する。

トヨタのための政策？

なぜ、予算は使われないのか。背景には、ＦＣＶの車種の少なさがある。国内メーカーが販売するＦＣＶの乗用車は、トヨタ自動車が２０１４年に発売した世界初の量産車「ミライ」と、ホンダが16年に発売した「クラリティ」の２車種だ。ただ、ホンダは２０２１年８月に生産を終了している。

トヨタにも他社の参入を促す考えがあり、ミライ発売当初の２０１５年１月、水素と酸素を反応させる発電装置や高圧水素タンクなどに関して、保有する特許約５６８０件を無償で開放した。しかし、技術的ハードルが高いせいか、独ＢＭＷが21年夏、トヨタと共同開発したＦＣＶ「ｉＸ５ハイドロジェン」を少量生産すると発表したほかは、追随するメーカーはほぼない。ある国内自動車大手の幹部は、「量産化が見込めるわけでもなく、車両１台にかかる開発費もＥＶとはケタが違う」と明かす。また、電動化以外にも自動運転などの先端技術の開発でコスト負担が増す中、「ＦＣＶに先行投資できるのは体力に余裕のあるトヨタくらいだ」と指摘する。

２０２１年５月、中央省庁の抽出した事業を有識者らがチェックする「行政事業レビュー」では、河野行政改革担当相（当時）がトヨタを念頭に「水素自動車を売っているところが真剣に水素ステーションを作っていないのに、（予算を投じる）意味があるのか」と批判した。政府内にも、「トヨタのための政策ではないかと思うほどだ」と皮肉る声がある。自動車課などを所管する経産省もこうした批判を意識し、22年度から補助金の内容を変更。施設の維持・管理費を補う分は「最大５年間」という期限を設けた。

ただ、乗用車ではなく商用車に目を転じれば、ＦＣＶへの期待は膨らんでくる。燃料電池はＥＶに用いられるリチウムイオンなどの蓄電池に比べてエネルギー密度が大きく、より多くの力を取り出せる。航続距離も延ばしやすく、長距離を走るトラックやバスの動力源に向いているからだ。

海外でも独ダイムラートラックが２０２０年９月に燃料電池トラックの量産計画を発表。米国や中国、韓国、インドなどでも官民で燃料電池トラックを推進する動きがある。トヨタも子会社の日野自動車、資本提携するいすゞ自動車とともに燃料電池トラックの開発や実証を進めている。

決まったルートを走行することが多い商用車向けであれば、運送会社の営業所や高速道路など、ある程度は補給所の整備場所を限定しやすい。自動車業界からは「政府の支援も商用車向けに方向性を絞って集中的に整備していくべきだ」「（現在は）現場のニーズと政府の視点がずれている」などという声が出ている。ある大手エネルギー企業の幹部は次のように話す。

「政府、インフラ事業者、自動車メーカーの連携が課題だ。規制緩和や支援の方向性を整理し、認識のずれを埋めていく必要がある」

こうした国家予算のひずみの端緒は取材相手がこぼす一言に表れる。単に予算をつければ政策が浸透するわけではない。予算をつけた先に「予見性」を持てるかが非常に重要だ。その方向づけが見えない限り、制度を利用する側も不安は払拭されないだろう。

こうした「使われない事業」を深掘りするに当たって、公開情報が大いに役立った。

見せかけの事業レビュー

「悪魔は細部に宿る」

ある元政府関係者から届いたメールにはこう書かれていた。悪魔はどうやってあぶり出せるのか、と聞くと地道な取材の積み重ねでしかないと励まされたことがあった。

金融システム不安から実体経済が冷え込んでいった２００８年のリーマン・ショックと異なり、新型コロナ危機は感染拡大防止のために人為的に経済活動を制限させた。必然的に、政府は財政出動で窮地に陥った生活者と企業に対し、収入や収益を補塡する事業を実施した。時限的な新型コロナ対策だけでは、日本経済が息を吹き返すことはない。長年置き去りにしてきた課題を解決し、経済危機への耐性を備えた国への生まれ変わりが求められている。

公開情報に基づいて事実に迫るＯＳＩＮＴ（Open Source Intelligence）を駆使すれば、財政や予算内容はある程度把握できるが、範囲が広く、点在する情報を結びつけるのは難しい。実務者目線で書かれた文書も多く、慣れていないと正しく理解できないものもある。予算の流れをインプットしている国民はごく少数に過ぎない。それに、予算の使途について誰でもチェックできる「公文書」は存在するが、誤記載があまりにも多く、信用性を担保できなくなっている課題もある。

政府予算の執行状況を記載する「行政事業レビューシート」がその一つだが、調べてみると、団体の法人番号が誤って記載されていたり、他にも予算額や執行率なども前年度のコピペと思われる記載が数多く見受けられたりした。記載されている金額の単位が抜けているものもあり、容易に信用できない。

結局、担当者に電話などで一つ一つ確認する必要がある。ミスが多いため、内閣府の行政改革推進本部は誤記入の全容を把握したうえで、全省庁に通知を出して修正を求めていく方針を示した。行革推進本部事務局の担当者も「完全なチェックミスで大変申し訳ない。速やかに修正する」と釈明する。ただ、今後の対応には後ろ向きの姿勢が窺える。

「（強制的に）省庁に全てのミスを調べさせると事務量が膨大となる。事務局で誤記載を把握したものは修正を求め、省庁が自ら見つけたものに関しては報告を受けたい」

まずは正確性から

世界で予算を可視化する動きが進んだのは２０１０年代初頭。米国では、当時のオバマ政権が政府支出や景気対策予算の可視化に踏み切り、13年に英国で開催された主要8カ国首脳会議（G8サミット）では政府が持つ全データを公表する原則を約束する憲章を採択した。

リーマン・ショックや欧州債務危機に際して計上した経済対策の予算を可視化することで、財政規律を守るという取り組みだ。コロナ禍の予算規模はリーマン・ショック時以上に膨らみ、行政事業レビューが果たす役割はこれまで以上に重要となっている。

　日本の行政事業レビューは政府の全事業を点検するため、２０１３年に始まった。年に2回、外部の有識者を交えて点検内容を議論。協議内容も公開している。公開される議論は、各省が主催するものと行革推進本部が主催して政府全体で行うものがあり、主に11月に実施される公開議論は「秋のレビュー」と呼ばれている。いずれもニコニコ動画などを通じてインターネット中継され、議論を傍聴できる。

　議論は事業ごとの予算の流れを示した「レビューシート」をもとに進める。シートは各省の課長級の名前も記入し、責任者も明確化されていて、秋のレビュー後に行革推進本部が取りまとめ、各省庁に翌年度の予算編成に反映させるよう求めるものだ。ただ、チェックが甘いのか、レビューで事業の廃止判定を受けたとしても、年度途中で編成する補正予算にねじ込ませて復活していることもある。

　あの手この手で予算を確保しようとする各省からすると、予算が削減されかねないこともあって敵対心が強い。官僚たちはレビューの廃止も密かに模索している。しかし、こうした

◆予算編成の流れ

予算編成	
4月	各省が政策立案 予算要求を検討
5月	各省が政策立案 予算要求を検討
6月	各省が政策立案 予算要求を検討
7月	各省が政策立案 予算要求を検討
8月	財務省に予算を要求
9月	政府全体で予算編成
10月	政府全体で予算編成
11月	政府全体で予算編成
12月	予算案を閣議決定
1月	予算案を国会に提出
2月	予算案を国会で審議
3月	予算案成立
4月	予算案の執行

各省による自己点検（→反映）

- レビューシートを使って点検
- 注目事業はネット中継などで公開
- 外部有識者の指摘を踏まえて予算要求

秋のレビュー（公開検証）（→反映）

- レビューシートを使って外部有識者と討論
- 討論をインターネットで生中継

※筆者作成。

動きに財務省はすかさず手を打った。

結局、廃止に追い込まれるどころかレビューの活用は強化され、２０２３年度以降の予算編成では財務省がレビューシートをもとに査定することが決まった。作成する官僚には「どうせ誰も見ない公文書だから」との本音が漏れる。しかし、誤記入の常態化が許されるべきではない。ある内閣府幹部はこう振り返る。

「政府にもこういうチェックのあり方は残した方がいい、むしろちゃんとやった方がいいと背中を押してくれる人も一定数いました。レビューがなくなると予算の見直しの場がまったくなくなってしまうと理解を示してくれました」

予算を事業ごとにシート化し、それをもとに官僚や外部有識者が口角泡を飛ばして妥当性を議論する。目的は「無駄撲滅」というより、公開によって「政府への信頼を向上させること」（閣議決定文）にある。政府データを誰もが自由に二次利用し、新しい市場や価値を創出することを期待するオープンガバメントには程遠いが、行政事業レビューの真の狙いを霞が関の官僚に再認識させ、レビューシートを使えるモノにしなければならない。

財務省が作成する予算書を見ても、税の行き先がとっさに理解できるのは専門家ぐらいしかいない。問題点や予算の根詰まりまでは読み解けない。そのため、納税者は財務官僚と各省庁の担当者による非公開のせめぎ合いを信用する以外にない。

政治主導や利権が絡む事業であればあるほど、安易にツケを将来世代に転嫁していないだろうか。予算の行き先が追いづらくなっている現状を踏まえると、官僚たちは税金の使途が細かく検証されないことを願っているように思えてならない。

政府への信頼性はそれこそ細部に宿るはずだ。公開情報の正確さにはもっとこだわってもらいたい。

あとがき

２０１７年、岡山支局に在籍していた時、私は点字ブロックの取材に力を入れていた。１９６７年に世界初の点字ブロックが岡山で敷設され、視覚障害者の歩行の安全を支えようとする関係者の並々ならぬ努力の積み重ねが今に至ることを知った。点字ブロックは今や世界１５０カ国以上に広がった一方、都市部と地方の普及の格差は広がり続けている。設置を後押しする法律がなく、利用者の少ない地域、駅や道路への普及は置き去りになっている。障壁となっているのは予算だった。

また、２０１８年には西日本豪雨が発生し、豪雨で氾濫した小田川周辺（岡山県倉敷市真備町）で暮らす51人が亡くなった。国や自治体が作成していた河川の整備計画を見ると、川底にたまった土砂の掘削や堤防の整備の必要性は災害前から認識されていたが、つぎ込める予算が十分にないため、対策は後回しになっていた。

近年、国や地方の予算は、複数年度にわたって使われる基金のほか、年度内に編成される補正予算、一定の財政規律の意識が働いている当初予算が主だ。3段階をベースに動きつつ、コロナ禍では国会審議を必要としない「予備費」も数兆円単位で投入されている。

この予備費の代表例が、安倍元首相の国葬費やウクライナ侵攻による物価高をきっかけに始まったガソリン補助金（レギュラーガソリンの全国平均価格が1リットル当たり168円を超えた場合に35円を上限に石油元売り会社に対して補助金を支給する基金事業）などだ。「機動的」といえば聞こえはいいが、政権の都合や高い支持率を維持するための手段として利用されている側面が見えてきた。

複雑化するため、適正な税金の使われ方が見えにくくなり、現実的な予算の積み上げではなく、規模ありきの予算編成が進みやすくなっている。そして、政治の世界に遠い事業や人たちに対する公的サービスは届きにくい。

税金の行き先を追う取材は、マクロ（政府）でもミクロ（地方自治体）でも嫌がられた。全体の予算から見ると本来の目的とは違う意味で届いてしまっている「消えた税金」はごくごく僅かだ。

しかし、借金を返済するために、借金を繰り返すような自転車操業が続く日本政府の〝経営〟を見ていると、コロナ禍で金銭感覚が麻痺してしまったように思えてならない。その場しのぎの経営ではいずれ行き詰まることは明らかだ。たとえ、処方箋が出されても、都合の悪い結果を理由に「治療」から目を背けているようなものではないだろうか。病巣は細部に宿り、確実に蝕まれている気がしてならない。

官僚たちにとって税金の行き先を透明化したり、本来の目的通りに使われているかチェックしたりすることは、出世への近道にはならない。むしろ、政治家や業界団体などに煙たがられてしまうこともある。

会計検査院では国税が入る部分しかチェックできない。メスが入りにくかったり、手間がかかったりする部分こそ、取材のネタが詰まっていた。継続して取材を続けるべきだと教えてくれたのは情報提供者の取材相手だった。

誰も知り得ないことを知った時、突如として怖さがつきまとった。メディアを通じて伝える時、喜んでくれる人より怒る人たちのことが頭をよぎる。それでも逃げずに事実と向き合うためには取材を重ねるしかなかった。罵倒され、人に会うことが億劫になることもあったが、取材相手がそんな不安や迷いを払拭してくれた。

改めて、リスクを追ってでも事実を教えてくれたあらゆる関係者に御礼を申し上げたい。失敗ばかりで思うように取材が進まないことばかりだったが、次に生かすしかないと思っている。

そして、どこで拾ってきたのか分からないネタに対して、毎日新聞の多くの記者が真摯に向き合ってくれた。それぞれの分野を担当する記者にも知恵を借り、ここぞという場面では融通をきかせてもらった。経済部の方々をはじめ、多くの記者に相談に乗ってもらった。

本書の企画は光文社新書の小松現編集長が提案してくださり、担当の河合健太郎さんが細かく原稿を読み込んでサポートして頂いてできあがった。

さまざまな方々に支えてもらったことが全てで、感謝申し上げたい。葛藤し、迷い続けることにこそ価値があるはずで、「土俵」に立ち続けることの大切さを教えてもらった。

情報があふれる現代社会だからこそ、どこにも載っていない情報をつかみたい。そうした思いを軸に、基点としたのが「税金」だった。

書くことに怖さを感じないようになれば、その時は記者を辞めるべきかもしれない。そう思うようにもなった。税の行き先で疑問に感じているテーマはまだまだある。月並みだが、初心を忘れず、これからも目の前の取材と向き合っていきたい。

２０２３年１月

高橋祐貴

本文図版制作　デザイン・プレイス・デマンド

高橋祐貴（たかはしゆうき）

神戸市出身。慶應義塾大学文学部卒業。2014年、毎日新聞社入社。和歌山支局、岡山支局を経て'19年から東京本社経済部。金融や経済産業省、財務省、国土交通省などを担当し、これまでにメディア・アンビシャス大賞の活字部門入選（'20年）、疋田桂一郎賞（'22年度）を受賞。連載「見えない予算」「再考エネルギー」「『平和国家』はどこへ」などの企画にかかわってきた。著書に『幽霊消防団員』（光文社新書）がある。

追跡《ついせき》 税金《ぜいきん》のゆくえ

ブラックボックスを暴《あば》く

2023年2月28日初版1刷発行

著　者 ── 高橋祐貴

発行者 ── 三宅貴久

装　幀 ── アラン・チャン

印刷所 ── 萩原印刷

製本所 ── 国宝社

発行所 ── 株式会社光文社

東京都文京区音羽1-16-6(〒112-8011)

https://www.kobunsha.com/

電　話 ── 編集部03(5395)8289 書籍販売部03(5395)8116

業務部03(5395)8125

メール ── sinsyo@kobunsha.com

 ISBN 978-4-334-04649-1

光文社新書

1230
「美食地質学」入門
和食と日本列島の素敵な関係
巽好幸

蕎麦を育む火山、出汁を支える山脈、日本酒と地球の大変動――。多彩な和食が生まれた理由は日本列島にある⁉︎ 地下深くで密接に結びつく二つの意外な関係をマグマ学者が丁寧に紐解く。

978-4-334-04637-8

1231
時を超える美術
「グローカル・アート」の旅
新見隆

ローカル（地域、身近なもの）を大事にしながらグローバル（世界のありかた）につながる――。そんな「グローカル」な精神を宿した美術作品や芸術家に触れた「芸術風土記」エッセイ。

978-4-334-04638-5

1232
Ｗｅｂ３とは何か
ＮＦＴ、ブロックチェーン、メタバース
岡嶋裕史

「巨大ＩＴ企業の支配から個人が解放されたインフラ」で、「要素技術としてブロックチェーン、なかでもＮＦＴあたりを重視する」というＷｅｂ３の全体像を、批判的な見方を含め解説。

978-4-334-04639-2

1233
古典と日本人
「古典的公共圏」の栄光と没落
前田雅之

高等教育の古文・漢文不要論が唱えられる今、私たちに古典は本当に必要なのか。日本において古典が成立した歴史を辿りながら、そもそも「古典」とは何かということを考える。

978-4-334-04640-8

1234
小学校受験
現代日本の「教育する家族」
望月由起

拡大・過熱・多様化――誰が、なぜ、どのように受験しているのか。入学後の環境は？ 教育学者が小学校受験の実際や問題点、評価すべき点などを、経験者の声も交え具体的・リアルに報告。

978-4-334-04641-5

光文社新書

1240
「おふくろの味」幻想
誰が郷愁の味をつくったのか
湯澤規子

一体「おふくろの味」とは何を指しているのか。なぜそれは時に女性たちをいらだたせるのか。社会と時代を丹念に読み解き、「おふくろの味」が誕生した経緯とその正体を探る。

978-4-334-04647-7

1241
数字のセンスを磨く
データの読み方・活かし方
筒井淳也

私たちは数字に取り囲まれて日々を送っている。だが、数字をきちんと理解し、数字ときちんと向き合えているだろうか。計量社会学・家族社会学を専門とする著者が「数字との付き合い方」を示す。

978-4-334-04648-4

1242
追跡 税金のゆくえ
ブラックボックスを暴く
高橋祐貴

一般社団法人による〝中抜き〟、見えない五輪予算、孫の小遣いとなる中山間地域の助成金――。私たちの税金は何に使われているのか。気鋭の新聞記者がその杜撰な実態に粘り強く迫る！

978-4-334-04649-1

1243
友情を哲学する
七人の哲学者たちの友情観
戸谷洋志

友情とは何なのか。いま、その多様性を知ることが、人生をいくらか豊かなものにしてくれるのではないか。漫画が描く「友情」のあり方を参照しながら、哲学者七人の友情観を探る。

978-4-334-04650-7

1244
改訂版 東大合格高校盛衰史
１９４９年～最新ランキング徹底解剖
小林哲夫

日本一の頭脳たちはどこから集うのか？　名門進学校の凋落と躍進を辿ることで、日本社会の構造が浮き彫りになる。戦後から今に至るまでの合格者数ランキングで、東大受験の実情を一挙総覧！

978-4-334-04651-4